ULLI OLVEDI

Buddhas Kinder

Ulli Olvedi

Buddhas Kinder

Meine Erfahrungen in
tibetischen Klöstern

Mit 108 Fotos von Ulli Olvedi

nymphenburger

Am Ende des Buchs befindet sich ein ausführliches Glossar,
in dem tibetische Begriffe erklärt werden.

MIX
Papier aus verantwortungsvollen Quellen
FSC® C084279
www.fsc.org

Schutzumschlag: www.atelier-sanna.com, München
Schutzumschlagmotiv und alle anderen Fotos: Ulli Olvedi
Satz: Grafikdesign Storch, Ulrike Vohla
Gesetzt aus Sabon Roman 10,6 Pt/15,6 Pt
Druck und Binden Finidr s.r. o.
Printed in the EU
ISBN 978-3-485-02805-9

www.nymphenburger-verlag.de
www.ulli-olvedi.de

Inhalt

Ankunft im Reich der Wunder

Es war einer jener typischen Monsuntage im August, an denen die schwarzen Wolken die Spitze der Stupa von Boudhanath zu berühren scheinen und das ganze Kathmandutal im Regen versinkt. Mit Gummistiefeln und Regenschirm ausgerüstet, marschierte ich hinter einer neuen Freundin her, die seit Langem in Kathmandu lebte. Sie sollte mich zu einer Tibeterin bringen, der zu begegnen ich mir seit Jahren gewünscht hatte.

Die Stupa von Boudhanath

Eine wundersame Geschichte. Beim Übersetzen des Buchs »Tibets weise Frauen« von Tsültrim Allione stieß ich im Bildteil der englischen Ausgabe auf die Fotografie einer Tibeterin namens Yüdron. In ihrer Jugend, so stand da zu lesen, hatte sie als Nonne im Kloster Shugsep in Zentraltibet gelebt, unter der Leitung von Shugsep Jetsün Rinpoche, einer der wenigen weiblichen Rinpoches (Titel hoher Wiedergeburten) des tibetischen Buddhismus. Es ist eine Aufnahme aus den Siebzigerjahren, entstanden in der Nähe von Kathmandu: eine kleine, zierliche Frau mit einem klugen Gesicht, in dem sich Leid, Humor und innere Kraft auf seltsame Weise mischen. Angesichts dieses Bildes hatte ich augenblicklich den Gedanken: Diese Frau würde ich gern kennenlernen. Es war etwas Berührendes, fast Vertrautes in diesem Gesicht. Leid sah ich darin und Heiterkeit und zudem einen gewaltigen Willen hinter den demütigen Zügen.

Und nun hatte ich ihre Adresse nahe der Stupa von Boudhanath ausfindig gemacht und war tatsächlich auf dem Weg zu ihr, vorbei an der riesigen Stupa mit ihrer weißen Kuppel, prall wie ein ungeheuerer Milchbusen; dann hinein in die schmutzigen Gässchen dahinter, durch die sich tibetische Mönche, nepalesische Händler, rotznasige Kinder und unzählige magere Straßenhunde drängten.

Da saß sie in ihrem schäbigen Zimmerchen, eine kleine Frau, die älter aussah, als sie war. Wir befanden uns in ihrer »Stadtwohnung«, in der sie und ihr Sohn sich aufhielten, wenn sie von ihrem Häuschen außerhalb des Kathmandutals in die Stadt kamen, um an einem Klosterritual teilzunehmen. Der dämmerige Raum im ersten Stockwerk eines heruntergekommenen Mietshauses war mit zwei harten Liegen möbliert, die tags als Sitzgelegenheit, nachts als Bettstatt dienten. Ein niedriger Tisch vor den Liegen, ein wenig Geschirr und die unvermeidliche Riesenthermosflasche für tibetischen Tee, ein hoher Kasten

ltstadt von Kathmandu

mit einem Schrein darauf, ein paar aufgestapelte alte Koffer und in einer Ecke ein erbauliches Durcheinander von allen möglichen Dingen, die sich nicht unterbringen ließen; damit war das Zimmer voll. Die Thangkas (Rollbilder) an den Wänden waren billige Drucke. Mehr pflegt ein durchschnittlicher Tibeter im nepalesischen Exil im Allgemeinen nicht zu besitzen.

Wie das Glück es wollte, war auch ihr Sohn Jigmed da, ein Yogi, der recht gut Englisch sprach. So konnte ich mich vorstellen und erklären, wie es zu diesem Besuch gekommen war. Und nun geschah etwas sehr Erstaunliches: Unvermittelt fielen die Yogini und ich einander in die Arme, wie nach einer langen Trennung. Die Tränen flossen und ich hatte das Gefühl, meine lang entbehrte Mutter wiedergefunden zu haben. Meiner biologischen Mutter, die längst gestorben war, hatte ich mich nie so nah gefühlt.

Dass man Erfahrungen jeglicher Art am besten einfach annimmt, wie sie sind, ohne lange nach rationalen Gründen zu suchen, hatte ich in den vielen Jahren meiner buddhistischen Schulung gelernt. Vor sehr langer Zeit, als ich von Alexandra David-Néel und Lama Govinda gehört und voller Faszination alles gelesen hatte, was über das geheimnisvolle »verbotene Land auf dem Dach der Welt« und seine seltsamen Bewohner zu finden war, hatte ich von wundersamen Erlebnissen, von Magiern und Geheimwissen und außergewöhnlichen Bewusstseinszuständen geträumt, wie es sich für ein Mitglied der psychedelischen Zunft der Blumenkinder gehörte. Wie schmerzlich war es, aus solchen Träumen gerissen und mit der grausamen tibetischen Wirklichkeit konfrontiert zu werden, die seit 1950 Tod, Arbeitslager, Folterung, Zwangsabtreibung und Zwangssterilisierung, Hunger und bis heute Arbeitslosigkeit und ständige Bedrohung für die Tibeter in ihrem Land und Elend im Exil bedeutet. Doch außer

ie Yogini Yüdron

Desillusionierung war noch etwas anderes an die Stelle meiner Träume getreten: eine tiefe, aus Studium und Meditationspraxis gewonnene Wertschätzung für den Dharma (Buddhismus) und vor allem für die großartige geistige Welt des tibetischen Buddhismus (Vajrayana). In dem kleinen Zimmerchen hinter der Stupa erfuhr ich Yüdrons bewegte – und bewegende – Geschichte. Als sehr junges Mädchen war sie in das große Kloster Shugsep in der Nähe von Lhasa eingetreten. Doch nach einer Reihe von Jahren war sie zu dem Schluss gekommen, dass das Klosterleben doch nicht das Richtige für sie sei. Unter Tränen erzählte sie, wie sie ihre Gelübde »zurückgegeben« hatte, weil das Klosterleben hart war und das freie Leben so verlockend schien: »Ach, wäre ich doch bei meiner Meisterin Shugsep Jetsün Rinpoche geblieben, es hätte mir so viel Leiden erspart. Aber ich war jung und dumm und verließ das Kloster, wenn auch nicht den Dharma. Den verließ ich nie.«

Zerstörtes Kloster in Tibet

1959, als die Chinesen Tibet endgültig annektierten und in der Folge unzählige Klöster zerstörten, schloss sie sich einer Gruppe von Flüchtlingen an und machte sich auf den langen, gefährlichen Weg über die Pässe des Himalaya. Auf dieser Reise verliebte sie sich in einen attraktiven jungen Mann, und kaum im nepalesischen Exil angekommen, heiratete sie ihn. In den elenden Verhältnissen des Exils kamen kurz nacheinander ihre beiden Söhne zur Welt. Und es geschah, was nicht selten war in tibetischen Exilfamilien: Der Mann vermochte dem existenziellen Druck nicht standzuhalten und wurde zum Alkoholiker. Zunächst war er nur eine finanzielle Last für seine Frau, die mit allen möglichen kleinen Arbeiten schlecht und recht für die Familie sorgte; doch dann wurde er auch noch zur Bedrohung, denn zunehmend pflegte er sie in seiner Frustration zu verprügeln. Schließlich verließ sie ihn. Der große Meister Dilgo Khyentse Rinpoche unterstützte sie und so konnte sie mit ihren Kindern überleben. Ihr jüngerer Sohn ist heute ein Khenpo (das entspricht einem promovierten Geisteswissenschaftler). Der ältere Sohn blieb bei ihr und wählte den meditativen Weg eines Yogis.

Das Kloster Shugsep, erzählte Yüdron, existiert noch, doch vor Kurzem wurden viele junge Nonnen, zum Teil noch Jugendliche, ausgesperrt, nachdem eine von ihnen bei einer Demonstration in Lhasa festgenommen worden war. Sieben der Mädchen, die besonders gefährdet waren, hatten sich nach Kathmandu durchgeschlagen. »Doch jetzt«, sagte Yüdron, »wissen sie nicht mehr weiter. Sie sind schrecklich arm, und wer soll ihnen helfen? Die Not ist überall so groß.«

Das hatte ich in den paar Tagen seit meiner Ankunft deutlich genug sehen können. Es war mein erster Besuch in Kathmandu, der erste von vielen, die folgen sollten, bis diese Stadt schließlich eine Art zweites Zuhause wurde. Hätte mich in meiner an Medien noch armen

Jugend jemand gefragt, wo das Ende der Welt sei, wäre mir vielleicht das ferne Kathmandu eingefallen, Märchenstadt mit klingendem Namen im exotischen Nirgendwo des Himalaya. Doch es ist – abgesehen von den pittoresken alten Pagoden – natürlich eine ganz gewöhnliche Stadt der Dritten Welt, voller Schmutz und Not und Elend neben protzigen Touristenhotels mit Swimmingpools und livriertem Personal wie in der indischen Kolonialzeit. Die ungerufenen Tibeter teilen zum größten Teil die Not der Einheimischen und die Armut, die ich an diesen ersten Tagen gesehen hatte, bedrückte mich zutiefst. Ich wollte etwas für die jungen Nonnen tun. Zwar hatte ich selbst kein Geld zu verschenken, doch mir kam der Gedanke, ich könnte Freunde und Bekannte als Paten für die Mädchen gewinnen. Dazu brauchte ich nur ihre Namen und Fotos.

»Wo finde ich sie?«, fragte ich Yüdron und erklärte mein Vorhaben. Yüdron rang die Hände. Das sei schwierig, sagte sie, denn die Nonnen seien in der ganzen Stadt verstreut, bei irgendwelchen tibetischen Familien, jede woanders. Jigmed erbot sich, loszuziehen und herumzufragen.

Während wir noch beratschlagten, ging die Tür auf und ein kleines Nönnchen mit einem runden Gesicht, die Backen rot von Erfrierungen in den eisigen tibetischen Wintern, schaute vorsichtig herein.

»Hoppla, da ist ja schon eine«, lachte Jigmed. »Das erspart mir den Weg.«

Die Nonne, fast noch ein Kind, völlig verschüchtert angesichts einer fremden Inchi (Ausländerin), setzte sich nach mehrfacher Einladung zu uns. Sie war erbarmungswürdig anzusehen in ihren abgerissenen Kleidern und mein Vorsatz, Hilfe für sie und ihre Dharmaschwestern aufzutreiben, festigte sich noch mehr. Doch wo wir die anderen Mädchen finden konnten, wusste sie auch nicht.

Wir kamen gar nicht dazu, dies zu bedauern, denn die Tür wurde erneut zögerlich geöffnet. Ein weiteres Nonnengesicht erschien und wieder bedurfte es ritueller Überredungskünste, um sie zum Bleiben zu bewegen, denn sie hatte nur mal eben hereinschauen wollen, ganz zufällig, und wollte ganz gewiss nicht stören. Insgesamt mochte es eine halbe Stunde gedauert haben, bis sich alle sieben ganz zufällig in Yüdrons Zimmer versammelt hatten, zusammengedrängt auf den Liegen, und Tee aus allen denkbaren Behältnissen tranken.

Ich holte eine nach der anderen auf den Laubengang vor der Tür und schoss meine Fotos. Dann ließ ich mir ihre Namen buchstabieren und kam bei all diesem emsigen Tun kaum dazu, das alles seltsam zu finden. Erst als sie sich verabschiedet hatten, machte sich meine Verwunderung bemerkbar.

»Yüdron-la«, sagte ich (die Silbe »la« hängt man an den Namen an, um Verehrung, aber auch Zuneigung auszudrücken), »du musst über ein sehr interessantes unsichtbares Telefon verfügen.«

Yüdron lachte und antwortete: »Es waren wohl eher unser beider gute Wünsche, die sie herbeiriefen.«

Ich war im Reich der Wunder angekommen.

Bleibt nur zu sagen, dass ich für die jungen Nonnen Paten fand, die ihnen nicht nur ein menschenwürdiges Überleben sicherten, bis sie in einem neugebauten Kloster aufgenommen wurden, sondern mit ihren Spenden auch eine dreijährige Meditationsklausur für alle finanzierten. Später sollte Yüdron in meiner Fernsehdokumentation »Unter den Augen der Stupa« in all ihrer Bescheidenheit einen Platz als authentische Yogini finden.

Bei einem Besuch in den ersten Jahren des zweiten Jahrtausends fand ich sie nicht mehr vor. Sie war gerade gestorben, und ihr Sohn vollzog die traditionellen 49-Tage-Riten für sie. Sie war eine so hingebungs-

volle Yogini, dachte ich, sie wird sicher eine sehr gute Wiedergeburt haben, vermutlich als spirituelle Lehrerin, und es wäre schön, wenn ich ihr im nächsten Leben wieder begegnen würde. Zumindest ist dies eine wohltuende Vorstellung.

Inzwischen sind ihre jungen Nonnen nicht mehr jung und von den älteren Nonnen und Mönchen, die ich bei meiner ersten Reise 1989 nach Kathmandu kennenlernte, leben einige nicht mehr. Mein tibetischer Patensohn hingegen, der damals elf Jahre alt war, ist inzwischen längst erwachsen und lehrt an der Shedra (Klosteruniversität), die seinem Kloster angeschlossen ist.

Meine Reisen nach Asien hatten 1973 begonnen, als ich mich, wie viele andere »Morgenlandfahrer«, auf die spirituelle Suche machte und in Dharamsala im indischen Himalaya, dem Exilsitz des Dalai Lama, tief in den tibetischen Buddhismus eintauchte. Meinen »Wurzellama« fand ich jedoch nicht im Osten, sondern ganz im Westen, in den USA, in der Person von Chögyam Trungpa Rinpoche. Als dieser 1987 starb, zog es mich schließlich wieder nach Asien und ich flog nach Kathmandu, um den großen alten Meister Dilgo Khyentse Rinpoche aufzusuchen, mit dem mein verstorbener Lehrer innig verbunden war. Diese Begegnung fand erst ein Jahr später statt, doch da hatte ich schon »ganz zufällig« meinen nächsten Lehrer gefunden, den großen alten Dzogchen-Meister Tulku Urgyen Rinpoche, der auf dem Berg Shivapuri im Nonnenkloster Nagi Gompa seinen Lebensabend verbrachte. Da er auch das Oberhaupt des größten Mönchsklosters in Kathmandu, Ka Nying Shedrup Ling, war, das sein Sohn Chökyi Nyima Rinpoche leitete, war ich bald in beiden Klöstern »zu Hause«. Nachdem ich fast zwanzig Jahre lang so viele Schätze des tibetischen Buddhismus empfangen hatte, schien es mir ganz natürlich, auch etwas zurückzugeben. So entstand der Verein Tashi Delek e.V. (tashi

ine der Nonnen des Klosters Shugsep in Zentraltibet

delek bedeutet »glückliches Gedeihen« und ist ein tibetischer Gruß), der das Wohlergehen der Nonnen und Mönche und vor allem die Ausbildung der Kinder, der zukünftigen Träger der Tradition des tibetischen Buddhismus, unterstützen sollte.

Es waren nicht zuletzt die vielen Fragen der Paten meiner Schützlinge, die mich dazu inspirierten, über das Leben in den tibetischen Exilklöstern zu berichten. Tibet ist selbst nach so langer chinesischer Besatzung immer noch ein Mythos, doch von der – trotz aller Schwierigkeiten – durchaus lebendigen tibetischen Kultur im Exil ist viel weniger die Rede.

Diese »ausgelagerte« Kultur hat besondere Eigenheiten, die in meinen Berichten deutlich werden. Da es sich um Klöster handelt, könnte man geneigt sein, christlich-abendländische Vorstellungen damit zu verbinden. Doch es handelt sich um eine ganz andere Kultur mit ganz anderen religiösen Vorstellungen.

Zu den monastischen Gelübden gehört auch der Zölibat, doch er gilt nicht unbedingt lebenslänglich und er erstreckt sich nicht auf alle Insassen des Klosters. Da gibt es Wiedergeburtslinien und Erbfolgen innerhalb der religiösen Tradition; anerkannte hohe Wiedergeburten, die Klöstern vorstehen, aber keine monastischen Gelübde »nehmen« und demnach keine Mönche sind; Mönche, die ihre Gelübde nach ihrer theoretischen und praktischen Ausbildung, durch die sie den Titel eines Lamas (spiritueller Lehrer) erwerben, »zurückgeben«, um in der Welt zu leben und zu lehren (und zu heiraten); Meister, die Abt eines Klosters sein und zugleich eine »Sangyum« (etwa »sakrale Gefährtin«) haben können; und Ngakpas und Ngakmas, Paare eines nichtmonastischen Ordens. Vielfalt gehört zum tibetischen Buddhismus, um den unterschiedlichen Neigungen und Fähigkeiten der Menschen im spirituellen Entwicklungsprozess gerecht zu werden.

Klöster im Exil

Von den vielen Kindern in den Klöstern kommt der größte Teil aus den Bergen im Norden Nepals, Distrikten wie Nubri an der tibetischen Grenze, in denen die tibetisch-buddhistische Kultur noch ungestört gelebt werden kann. Manche sind von ihren Eltern oder Verwandten heimlich über eisige Pässe aus Tibet nach Nepal geschmuggelt worden, stets in Gefahr, von chinesischem oder nepalesischem Militär gefangen genommen zu werden. Wie vielen Müttern und Vätern brach wohl das Herz, als sie ihre Kinder diesem ungewissen Schicksal auslieferten, in der verzweifelten Hoffnung, sie in einem exiltibetischen Kloster unterzubringen und ihnen so eine gute Schulbildung und ein Leben im Dharma zu ermöglichen, mit ihrer eigenen Sprache und ihrer hohen Geisteskultur.

Kathmandu war einst ein wichtiges Handelszentrum zwischen Tibet und Indien. Jahrhundertelang besuchten Reisende die Stadt und drückten ihr früh schon den Stempel der Begegnung der Kulturen auf. Bis zum 14. Jahrhundert war in Nepal die ethnische Gruppe der buddhistischen Newari führend. Anders als in den übrigen buddhistischen Ländern Asiens genossen die Newar-Frauen in Nepal große Freiheit in religiösen Angelegenheiten und waren nicht selten Schülerinnen lehrender Mönche. Der freiheitliche Newar-Stil hatte jedoch ein Ende, als die hinduistische Malla-Dynastie das Kastensystem einführte und die newarische Religion in den Untergrund ging. Heute leben Hindus und Buddhisten tolerant nebeneinander, dazu auch Muslime, die einen kleinen Teil der urbanen Bevölkerung bilden.

Nur eine Flugstunde von Lhasa entfernt, wenn auch durch gewaltige Berge von Tibet getrennt, ist die Großstadt Kathmandu heute der Ort »vor der Haustür« Tibets, an dem der Überlebenskampf der tibetischen Kultur im Exil besonders gut zu beobachten ist. Es sind die Klöster, in denen diese Kultur überlebt – in ihren Schulen und Universitäten, in ihren Bibliotheken und durch die Pflege der sakralen Künste.

Schneeriesen des Himalaya hinter den Vorbergen um Kathmandu

Das Mönchskloster in der Stadt

Damals, bei der ersten meiner vielen Nepalreisen, hatte ich zwar bereits etwa zwanzig Jahre buddhistisches Studium und Meditationspraxis hinter mir, doch die Klostertradition Tibets kannte ich nur aus Büchern, ganz abgesehen von der Exilsituation, die kaum irgendwo erwähnt wurde.

Im Flur des »großen weißen Klosters« begegnete ich einem kleinen Jungen, den ich augenblicklich ins Herz schloss. Ein stilles, intelligentes Gesicht, eine würdige Haltung; er wirkte trotz seines sehr kleinen, kindlichen Körpers älter als seine elf Jahre. So viel Würde hatte ich noch nie bei einem Kind gesehen. Und so sehr war er schon Persönlichkeit, dass ich meinen Blick nicht mehr von ihm ab-

as »große weiße Kloster« Ka Nying Shedrup Ling

Mein Patenkind

wenden konnte. Ohne nachzudenken, fasste ich den Entschluss: »Diesem Kind möchte ich helfen. Er soll mein Patenkind sein.«
Sie sahen nicht wirklich arm aus, diese Klosterkinder in ihren dunkelroten Klostergewändern. Zwar waren sie alle viel zu klein für ihr Alter, das liege an der allzu bescheidenen, proteinarmen Ernährung, ließ ich mir sagen; doch es ging um mehr als um gute Mahlzeiten. Mir wurde klar, dass das Überleben der tibetischen Kultur – und damit der gewaltigen geistigen Schätze Tibets – nicht zuletzt von dieser jungen klösterlichen Generation abhängt, von den Jungen und Mädchen, die von klein auf in den spirituellen Lehren geschult werden und so die geistige Kraft des tibetischen Buddhismus aufrechterhalten können. Und diese Kraft spürte ich in dem kleinen Jungen, der sich ohne regulären Unterricht selbst Englisch beibrachte, später seine Studien mit dem tibetischen Äquivalent für »summa cum laude« abschloss und bald schon westliche Studenten in der Klos-

Fröhliche Klosterkinder im Exil

teruniversität unterrichtete. Man hatte mir nicht gesagt, dass er ein Tulku (anerkannte Wiedergeburt eines hohen Meisters) war, man hatte es geheim gehalten; sein früh verstorbener Vater, der Rinpoche von Nubri, hatte gewünscht, dass sein Sohn wie alle anderen Kinder im Kloster aufwachsen sollte, nicht von ihnen getrennt durch einen besonderen Status, wie es im alten Tibet üblich gewesen ist.

Die Berichte vom Klosterleben in Tibet, die ich aus Büchern kannte, passten nicht zu dem, was ich nun in diesem Exilkloster sah. Arme Kinder, hatte ich gedacht, ihr müsst schon so früh ins Kloster, müsst ohne eure Mama, ohne Familie mit Mönchen leben, die es selbst nicht besser hatten, und wahrscheinlich müsst ihr immer brav sein und habt keine Kindheit. Und wie man nachlesen konnte, wurde an Schlägen nicht gespart.

So mag es früher einmal gewesen sein. Doch nun hat sich die Prophezeiung Padmasambhavas, des Begründers des tibetischen Buddhismus, nach mehr als tausend Jahren erfüllt: »Wenn der Eisenvogel fliegt und Pferde auf Rädern gehen, wird Tibet untergehen.« Und zudem besagte die Prophezeiung, wenn viele tibetische Klöster im Umkreis der Stupa von Boudhanath gebaut würden, dann würde der tibetische Buddhismus überleben und der ganzen Welt zum Wohle gereichen. Jedenfalls hat es dazu geführt, dass sich die rigiden Seiten der Klostererziehung nach alter Tradition nicht mehr durchsetzen, zumindest nicht in denjenigen Klöstern, die ich kennenlernen durfte.

1950, als in zunehmendem Maß Flugzeuge den Himmel über unserem Planeten durchquerten, fielen die in China an die Macht gekommenen Rotchinesen im weltpolitisch rückständigen und ungesicherten Tibet ein und begannen, es Stück um Stück zu annektieren. Dabei wurde ein großer Teil der Klöster niedergerissen – insgesamt mehr als 6000 –, unzählige sakrale Kunstschätze zerstört und die Klosterinsassen, die nicht rechtzeitig fliehen konnten, gedemütigt, gefoltert, in Arbeitslager verschleppt oder an Ort und Stelle ermordet, Auftakt zu einem generationenlangen schleichenden Genozid.

1959 musste auch der junge 14. Dalai fliehen, um sein Leben zu retten.

Wer die Flucht überlebte, weder erschossen wurde noch in Schnee und Eis umkam, fand Asyl in Indien, Nepal und Bhutan. Damals, in den Sechzigerjahren, entstand auch das Kloster, in dem ich meinen Patensohn fand, Ka Nying Shedrup Ling, »das große weiße Kloster«. Zwischen den Vorbergen des Himalaya, die das Kathmandutal umgeben, kann man die Spitzen einiger der gewaltigen Eisriesen sehen, hinter denen Tibet, das Dach der Welt liegt. Verlorene Heimat.

Ohne die Klöster könnte die tibetische Kultur im Exil nicht überleben. Das Oberhaupt des »weißen Klosters«, Chökyi Nyima Rinpo-

Das Rad der Lehre

che, erklärte dazu: »Schauen wir doch in die Vergangenheit zurück, zu den berühmten Klöstern von Nalanda, Vikramashila und anderen. Das waren Orte, wo sich Menschen ganz den Studien der Lehren des Buddha widmen konnten. Vielleicht verließen sie im weiteren Verlauf ihres Lebens das Kloster, um in Zurückgezogenheit zu meditieren und Mahasiddhas, große verwirklichte Meister, zu werden. Wir kennen viele solcher Meister und der Weg fast eines jeden begann im Kloster. Sie entwickelten zwar irgendwann den Lebensstil eines Yogis, aber es ist nicht zu übersehen, dass ihr Hintergrund eine klösterliche Einrichtung gewesen war, vergleichbar der Quelle, der ein Fluss entspringt.«

Unter den Buddha-Augen des Mitgefühls

Nur ein paar Minuten zu Fuß vom Mönchskloster entfernt ist die Stupa von Boudhanath am Rand von Kathmandu – eine riesige wei-

Die Boudha-Stupa ist eines der wichtigsten buddhistischen Pilgerziele

ße Kuppel auf einem treppenförmigen Sockel, gekrönt von einem Türmchen mit aufmerksam blickenden Augen. Vom obersten Rundgang aus sieht man viele golden glänzende Dächer tibetischer Klöster mit dem unverkennbaren Emblem zweier Rehe und dazwischen dem Rad der Lehre des achtfachen Pfads. Welch ein erstaunlicher Anblick: Klöster zwischen Wohnhäusern, Gemischtwarenläden, kleinen Hotels und Gästehäusern, Klosterkinder und jugendliche Mönche zu Fuß und auf Mopeds in ihren roten Gewändern in den Gassen, eingehüllt in die mannigfachen Geräusche des bunten Lebens einer asiatischen Stadt.

Eine Stupa, sei es ein großes Bauwerk oder ein kleines Reliquienkästchen, ist ein in der gesamten buddhistischen Welt verbreitetes Heiligtum mit vielfacher Bedeutung. Die Stupa von Boudhanath, gut 1500 Jahre alt, gehört zu den größten der buddhistischen Welt und ist eines

Die Buddha-Augen des Mitgefühls

der wichtigsten Pilgerziele des tibetisch-buddhistischen Kulturraums. Ihre gewaltige Kuppel mit dem quadratischen, an den vier Ecken eingeschnittenen Unterbau besteht aus aufgeschütteter Erde und Ziegelsteinen und hat schon viele Erdbeben überstanden. Warum der Blick der Stupa-Augen so scharf, fast streng sei, fragte ich einen der jungen Mönche. »Das sind die Augen des Buddha«, sagte er, »der Blick des Großen Mitgefühls, der alles wahrnimmt.«

Als auch heute noch »aktives« Heiligtum dient die Stupa dem Ritual der Kora, dem Umschreiten eines heiligen Bauwerks oder Ortes im Uhrzeigersinn, zu dem sich vor allem in der Morgen- und Abenddämmerung alles Volk versammelt, Mönche, Nonnen, Laien und Besucher. Die meisten haben ihre Mala, die Mantra-Kette mit 108 Perlen dabei, und das Abzählen der Perlen wird vom bekanntesten aller Mantras des tibetischen Buddhismus, OM MANI PEME

Schneiderei für Mönchskleidung

Ladengeschäft mit Mantra-Ketten an der Stupa

Viele Verdienste erwirbt, wer die Stupa mit Niederwerfungen umkreist

HUNG, begleitet, das die Energie des Mitgefühls für alle leidenden Wesen weckt.

Die junge Nonne, die mich in die Kora einführte, wies auf den leprakranken Bettler, der die verkrüppelte Hand für ein paar Rupien aufhielt, und auf einen dünnen streunenden Hund, der an einer Hauswand schlief. »Mitgefühl für alle«, sagte sie und drehte eifrig die »Gebetsmühlen« – kleine Metalltrommeln, mit heiligen Texten gefüllt –, die in der Außenwand der Stupa eingefügt sind. »Auch für Diebe und Räuber und Chinesen«, fügte sie hinzu und gab einer Gebetsmühle einen extra Schubs.

Manche Tibeter, Mönche wie auch Laien, umrunden das Heiligtum in der Form von Niederwerfungen. Dazu tragen sie traditionell eine Lederschütze, um die Knie zu schonen, und einen Handschutz, denn bei einer vollen Niederwerfung rutscht man auf den Händen nach vorn, bis man völlig ausgestreckt ist. Es ist eine Praxis der Demut, eine Geste, die ausdrückt, dass man bereit ist, sich vom »Ego«, d.h. den Impulsen von Gier, Aggression und Ignoranz, zu lösen.

Neben der spirituellen Bedeutung beinhaltet die Kora auch eine soziale Komponente. Man trifft Bekannte, hält ein Schwätzchen im Gehen, trennt sich wieder, murmelt das Mantra, dreht die Gebetsmühlen, besinnt sich auf die leidenden Wesen, murmelt das Mantra, begegnet wieder einem bekannten Gesicht, tauscht Grüße aus, kehrt wieder zum Mantra und den guten Wünschen zurück; ein Sowohl-als-auch, ein entspanntes Miteinander von sakral und profan, dem ich auch in den Klöstern immer wieder begegnete. Die Tibeter sagen, dass es Glück bringe, die Stupa zu umrunden und in ihre besondere Energie des wachen Mitgefühls einzutauchen. Wer also in einem der vielen kleinen Läden, die einen Kreis um die Stupa bilden, einkaufen geht, wird das mit einigen Runden um das Heiligtum verbinden, sich vielleicht auch oben unter die Kuppel setzen und den Blick über der Stadt ruhen lassen.

Der Rinpoche

In der tibetischen Tradition ist es üblich, dass das Oberhaupt eines Klosters die Wiedergeburt seines Vorgängers ist, und solche Wiedergeburtslinien reichen zum Teil sehr weit in die Vergangenheit zurück. Der Dalai Lama antwortete einmal auf die Frage, ob es denn sicher sei, dass es sich immer um die richtigen Wiedergeburten handle, dies treffe gewiss bei mindestens fünfzig Prozent zu. Doch solche augenzwinkernden Aussagen machen tibetische Lamas nur gegenüber Angehörigen anderer Kulturen. Innerhalb des Systems werden die Wiedergeburtslinien durchaus sehr ernst genommen.

Wie ernst, kann man an der für westliche Auffassung fast übertrie-

Chökyi Nyima Rinpoche während eines sakralen Ritua

Auch Humor gehört zum hohen Amt

benen Demut erkennen, mit der Tibeter sich einem Rinpoche, einer hohen Wiedergeburt, nähern. Doch als ich sah, wie die Kinder und Jugendlichen in »meinem« Kloster ihrem Rinpoche begegneten, ehrerbietig und ein bisschen scheu, nahm ich noch etwas anderes wahr: Sie lieben ihn, dachte ich. Sie lieben ihn tatsächlich, wie Kinder einen sehr besonderen, sehr zugewandten und verehrten Vater lieben.

In einer spirituellen tibetischen Familie geboren zu werden, die nicht nur durch Blutsbande, sondern auch durch Wiedergeburtslinien mit hohen Meistern verbunden ist, bedeutet nach alter tibetischer Tradition, dass der zukünftige Lebensweg weitgehend vorgezeichnet ist. So war es klar, dass der älteste Sohn des großen Dzogchen-Meisters Tulku Urgyen Rinpoche, Chökyi Nyima Rinpoche, die Klöster seines Vaters übernehmen würde. 1976, als er im Alter von fünfundzwanzig Jahren seine Studien im Kloster des 16. Karmapa abgeschlossen hat-

hökyi Nyima Rinpoche mit seinen Kindern

te, wurde ihm die Leitung des Klosters Ka Nying Shedrup Ling, des »Großen Weißen«, in Kathmandu übertragen. Der Auftrag, den der Karmapa ihm mitgab, so erzählte er, lautete, er möge seine Anstrengungen darauf richten, westliche Schüler zu unterweisen. Das Erste, was der junge Rinpoche daraufhin unternahm, war ein intensives Studium der englischen Sprache. Heute ist er in Ost und West als brillanter Gelehrter und Lehrer bekannt, mit dem man sich ungezwungen auf Englisch verständigen kann.

1984 gründete er den Verlag Rangjung Yeshe, der wichtige Dharma-Texte in mehreren Sprachen herausgibt und international anerkannt ist. Der internationale Zweig seiner Klosteruniversität ist mit der Universität Kathmandu verbunden, sodass dort auch international gültige Studienabschlüsse in buddhistischen Studien möglich sind. Außerdem hat er Studien- und Meditationszentren in Südost-

Wilde Spiele sind den Klosterkindern nicht erlaubt, aber auch nicht ausdrücklich verboten

asien, Europa und Amerika gegründet. 1980 erlebte er erstmals den Westen, als er seinen Vater nach Europa und in die USA begleitete. In Tibet geboren, in Sikkim aufgewachsen, nach der Klosteruniversität Klosterleiter in Nepal, bot eine Reise in die so ganz andere abendländische Kultur interessante, amüsante und manchmal groteske Begegnungen. Wie zum Beispiel mit den Professoren der religionswissenschaftlichen Fakultät der Universität Oxford. »Ich wurde zu einem Gespräch eingeladen«, erzählte er mir, »aber was dann tatsächlich geschah, war, dass die ganze Zeit nur die Professoren redeten. Ich dachte, sie würden vielleicht etwas über den tibetischen Buddhismus wissen wollen. Doch sie waren wohl der Meinung, dass sie schon genug wussten. Sie redeten und redeten; selbst wenn sie mir eine Frage stellten, hatte ich kaum Gelegenheit, sie zu beantworten.« Er kicherte ein bisschen. »Es war eine ganz erstaunliche Erfahrung für mich.«

Bei einem Rundgang durch Oxford landete er in einer Kirche, in der Mönche eine nachmittägliche Vesper sangen. »Es war sehr interessant«, sagte er, »so anders als bei uns.« Auf meine Frage, was denn den wesentlichen Unterschied ausmachte, antwortete er: »Die Mönche waren alle so unglaublich ernst. Sie sahen so ernst aus, als könnten sie niemals lachen. So ernst! Das war sehr seltsam.« Und er lachte sein herrliches, unbekümmertes Lachen.

Dieser Rinpoche, dachte ich, hält wahrlich nichts von klerikalem Ernst. Kein in Würde erstarrter »Abt«, wie ich ihn mir dank meines katholischen Hintergrunds vorgestellt hätte; keine furchteinflößende Autorität. Und im Laufe der Jahrzehnte machte ich die kostbare Erfahrung, dass er nicht etwa »kleiner« wurde (die meisten Menschen werden kleiner, je länger man sie kennt; im besten Falle bleiben sie auf Augenhöhe), sondern immer größer.

Kinder im Kloster

Das Erste, was mir bei meinem allerersten Besuch begegnete, als ich durch das Klostertor den weitläufigen Innenhof vor dem großen Lhakang (Tempel) betrat, waren spielende Kinder.

Vielleicht ein Omen, dass ich gerade in der Nachmittagsstunde ankam, als die Kinder frei hatten, denn das Thema Klosterkinder sollte zu einem wichtigen Element in meinem Leben werden. Es waren gewiss keine hospitalisierten Wesen, die ich da zu sehen bekam. Es waren ganz normale Kinder, die herumtobten, lachten und sich beim Spielen wohl auch mal schmutzig machten. Nach einem Ball hielt ich allerdings vergebens Ausschau. Es war ein Stoffbündel, das als Ball dienen musste. Doch hatte dies gute Gründe. »Was glaubst du, wie die toben, wenn sie einen Ball haben«, sagte die amerikanische Sekretärin des Rinpoche. »Die Tibeter sind wild.«

Später, als ich im Kloster wohnte, konnte ich von meinem Fenster aus auf einem unbebauten Nachbargrundstück unsere Teenager beim Fußballspielen beobachten, die einen mit hochgebundenem Mönchsrock, die Lässigeren einfach in ihren gelben Boxershorts (in den Klöstern trägt man nur die Farben Rot und Gelb). Doch sie spielten manierlich, sie waren schon in die Phase der Zähmung eingetreten, die im Kloster mit dem Eintritt in die Pubertät beginnt.

»Ich würde am liebsten nur Kinder aufnehmen, die auf eigenen Wunsch kommen«, sagte der Rinpoche, »denn für das Klosterleben eignet sich nun einmal nicht jeder.« Doch im Exil muss ein Kloster oft auch als Waisenhaus und als Kinderheim für verlassene und verwahrloste Kinder dienen. Das kann Probleme mit sich bringen, auf die ein Kloster traditionell nicht eingestellt ist.

Zum Beispiel Tsering (das ist natürlich nicht sein tatsächlicher Name), der einer der Besten in seiner Klasse war, als ich ihn kennenlernte. Nichts ließ auf seine traurige Vorgeschichte schließen.

Tsering war eine Scheidungswaise armer Eltern, weder die nepalesische Mutter noch der tibetische Vater, beide Alkoholiker, wollten ihn haben, und die Verwandtschaft lehnte es ebenfalls ab, das verwilderte kleine Ungeheuer zu übernehmen. Man hatte beschlossen, das Kind dem Kloster anzubieten. Als winziger fünfjähriger Knirps mit Rotznase, musste er sich wohl hart abmühen, um die vielen Treppen zu Chökyi Nyima Rinpoches Empfangszimmer im zweiten Stock im gleichen Tempo wie sein Onkel zu bewältigen.

Doch so einfach war die Aufnahme im Kloster nicht. »Der Junge ist zu klein«, sagte der Rinpoche. Normalerweise sollten die Jungen mindestens sieben Jahre als sein (acht Jahre nach tibetischer Zählung, denn die Zeit im Mutterleib wird als zusätzliches Jahr gerechnet). So lange müssten sie schon noch warten. Der Onkel nahm zwar

eine Trennung zwischen den Generationen gibt Familiengefühl

den Kleinen wieder mit, doch wenige Tage später saß Tsering auf der Treppe zum Lhakang und war nicht zum Gehen zu bewegen. Er solle hierbleiben, bis man ihn aufnehme, habe der Onkel gesagt. Die Verwandten konnten in der großen Stadt nicht ausfindig gemacht werden. Also blieb er.

Tsering war ein schwieriges Kind. Er war Bettnässer und er war scheu und widerborstig wie ein verschrecktes kleines Tier. Er klaute wie ein Rabe; dafür pflegte er seine Jacken, Socken, Schuhe und das Umhängetuch, das zum klösterlichen Gewand gehört, ständig zu verlieren. Doch im Lauf der Jahre wurde er ein Kind ohne jede Auffälligkeit. »Eine leichte Aufgabe war das nicht und viel Geduld war nötig«, berichtete der Schullehrer der Unterstufe. Einer der größeren Jungen, der zwölfjährige Samten, der über einen ruhigen, freundlichen Charakter verfügte und in der Lage und bereit war, Verantwortung

Das Anlegen der Robe will gelernt sein

zu übernehmen, wurde Tsering als »großer Bruder« zur Seite gestellt. Samten musste ihn vor Hänseleien der anderen Jungen beschützen und darüber wachen, dass Tsering sich einigermaßen in den täglichen Ablauf einfügte. Samten war schon genügend geschult, um dies als eine Übung der Achtsamkeit und des Mitgefühls betrachten zu können. Und es galt zudem als sehr ehrenvoll, mit solch einer Rolle betraut zu werden.

Tserings – und des Klosters – größtes Problem war das Bettnässen. Doch entspricht es der buddhistischen Grundhaltung, Dinge, die man nicht ändern kann, gelassen hinzunehmen, wie sie sind. Da mussten eben die dünne Matratze und die Bettwäsche täglich zum Trocknen in den Hof gelegt werden. Niemand schimpfte. Niemand redete auf Tsering ein, er solle sich zusammennehmen. Man ließ Tsering Tsering sein. Nach drei Jahren geduldigen Ertragens hatte sich das Problem von selbst gelöst. Das Bett blieb trocken, er klaute nicht mehr und seine in Schmerz eingekapselte natürliche Intelligenz begann sich zu entfalten.

Oder Yeshe. Er war das jüngste von zehn Kindern einer tibetischen Flüchtlingsfamilie. Als seine Mutter starb, brachte der Vater, ein Tagelöhner, den sechsjährigen Jungen ins Kloster. Seine größeren Kinder arbeiteten bereits in einer Teppichfabrik, doch dazu war Yeshe noch zu klein, und der Vater wusste nicht, wie er seinen Jüngsten versorgen sollte. Da der Rinpoche gerade verreist war, der Vater aber so verzweifelt darum bat, seinen Sohn im Kloster lassen zu dürfen, entschieden die Assistenten des Rinpoche, ihn vorerst aufzunehmen. Yeshe erklärte sofort jedem, der es hören und nicht hören wollte, er sei acht Jahre alt. Alle dachten, er sei einfach nur ein Angeber. Erst viel später rückte er damit heraus, dass er schreckliche Angst gehabt habe, man könne sein wahres Alter erfahren, denn dann, so hatte ihn sein Vater gewarnt, dürfte er nicht im Kloster bleiben. Doch Yeshe wollte keinesfalls nach Hause zurück, und so strengte er sich an, so sehr er nur konnte, in allem mit den Älteren mitzuhalten. Und das schaffte er, wenn auch hauptsächlich im Raufen, in der Lautstärke und im Frechsein.

Yeshe war zwar ein ungezähmtes Wesen, als er ins Kloster kam, doch er passte sich an und schließlich wurde er sogar ein recht ordentlicher Schüler. Nach Hause wollte er nie mehr; das Kloster ist sein Heim geworden und glücklicher, so sagte er, könne er nirgendwo sein.

Zwischen Ost und West

Den tibetischen Exilklöstern sieht man schon von außen an, dass sie zwischen den Welten stehen. Ihr Baustil ist den örtlichen Gepflo-

Rinpoches Motorradkurier

genheiten angepasst, was vor allem heißt: Es wird billig gebaut, mit schlichten Ziegeln und ohne die schönen traditionellen Holzkonstruktionen und prachtvollen Schnitzereien. Von Sponsoren gespendete Solarzellen auf den Klosterdächern, Fernseher im Schulzimmer und Computer im Sekretariat künden von einer neuen Zeit. Hin und wieder findet man noch Tibeter, die über die Kunst des Schnitzens von Druckblöcken verfügen, doch hauptsächlich werden tibetische Texte mit einem tibetischem Schreibprogramm in den Computer eingegeben und ausgedruckt.

Sind die Güter der materialistischen modernen Welt nicht ein Problem für die jungen Klosterbewohner? Chökyi Nyima Rinpoche sieht das nüchtern: »Mit Dingen wie Fernseher, Computer oder Autos und so weiter sollte man gelassen umgehen. Sie haben ihre Vorteile, die man nutzen kann. Aber man braucht sie ja nicht so wichtig zu nehmen.«

Doch es sind nicht nur materielle Dinge, die ablenken und verführen können. Auch westliche Besucher können zum Problem werden, wie eine tragikomische Geschichte zeigt, die sich in einem der Klöster Kathmandus zugetragen hat. Ein wohlhabender Amerikaner trug sich einem jungen Mönch als großzügiger Sponsor an und lud ihn schließlich zu einem Besuch nach New York ein. Der Rinpoche des Klosters sprach sich zwar dagegen aus, doch der junge Mönch konnte dem verlockenden Angebot, dessen Details er erst später – zu spät – kennenlernte, nicht widerstehen. Als er bei seinem Gönner ankam, erwies sich dessen Wohnung als ein einziges Zimmer mit einem einzigen großen Bett, das zu teilen der Mönch sich standhaft weigerte. Da saß er nun in New York in völliger Abhängigkeit und sah den goldenen Westen in höchst trübem Licht. Schließlich konnte er den zweifelhaften Freund dazu überreden, ihm ein Ticket nach Hause zu

bezahlen. Und so stand er reumütig wieder vor der Klostertür und durfte, wenn auch mit einigen disziplinären Auflagen, seinen Platz wieder einnehmen.
Doch trotz all der neuen Umstände im Exil geht das Klosterleben unverdrossen weiter. Nachwuchsprobleme gibt es nicht im Geringsten. »Es ist merkwürdig«, sagte Chökyi Nyima Rinpoche, »aber der Prozentsatz junger Mönche und Nonnen, die ihr Kloster verlassen, ist hier kaum größer als in Klöstern irgendwo in der Einsamkeit der Berge. Wenn die jungen Mönche und Nonnen die Lehren wirklich verstehen, wird ihr Geist recht stabil und ist nicht verführbar.«
Den sechzehnjährigen Puntsok beobachtete ich, wie er begeistert auf dem Moped seines Bruders Runden im Vorhof drehte. Auf meine Frage, wie er mit den Verlockungen vor der Haustür fertig würde, antwortete er: »So toll finde ich das alles gar nicht. Die Leute wollen so viel haben und müssen so viel dafür arbeiten; wenn sie das Glück haben, überhaupt einen Job zu finden. Im Kloster kann ich ungestört den Dharma praktizieren. Wo könnte ich das sonst tun?«
Sherab hatte das Ausbildungsjahr als Kusung (Adjutant) des Rinpo-

Autofahren für den Rinpoche

Eine ungewöhnliche Betätigung für Mönche

che schon längst absolviert und wurde mit der Ehre ausgezeichnet, zu den ständigen Adjutanten des Rinpoche zu gehören. Er war der Herr und Meister der kleinen Jeeps, mit dem er alle möglichen Besorgungen in der Stadt erledigen musste. Gelegentlich war er auch mein Chauffeur. Sherab fuhr gern Auto; er fuhr gut und gelassen in dem wahnwitzigen Verkehr von Kathmandu, in dem Aufmerksamkeit und ein Gefühl für Kooperation die generelle Missachtung der Verkehrsregeln ersetzen müssen. Auf meine Frage, ob ihm das Autofahren Spaß mache, leuchteten seine Augen und er sagte ohne Zögern: »Oh ja, sehr!«

Wie lässt sich das mit der buddhistischen Lehre vereinbaren, die besagt, dass der Impuls des Anhaftens den Geist verdunkle und nur schwer zu zähmen sei, aber dass eben diese Zähmung angestrebt werden müsse? Das trug ich Sherab vor, der mit strahlendem Lächeln antwortete: »Ich fahre für Rinpoche!« Nun ja, vom Standpunkt des tibetischen Buddhismus kann man jede Tätigkeit zur Kultivierung des Herzens und des Geistes verwenden.

Es tat mir leid, als Sherab einige Jahre später »die Gelübde zurückgab«, wie man es nennt, um im Restaurant seiner Familie zu arbeiten. Doch machte er auch weiterhin Botengänge für seinen Rinpoche – im eigenen Auto. Wundersam, dachte ich, wundersam.

Oberflächlich betrachtet scheint eine tibetische Gompa (Kloster) viel Ähnlichkeit mit abendländischen Klöstern zu haben. Pflege der sakralen Rituale, Rezitationen, Gesänge, Studium, Meditation, Kontemplation und ein diszipliniertes Leben im Zölibat sind wesentliche Elemente der Klöster in beiden Welten. Im alten Tibet lagen die Klöster üblicherweise weitab vom Getriebe der Welt, abgesehen von den riesigen Klosteruniversitäten um Lhasa. Sie sollten keine Geschäfte betreiben und keinerlei Besitz haben, denn das, so erklärte Chökyi

Nyima Rinpoche, habe schon Gautama Buddha vor zweieinhalbtausend Jahren als ungeeignet für das monastische Leben betrachtet. Dass Ideal und Realität manchmal recht weit auseinanderklaffen, bestätigt allerdings auch die tibetische Geschichte – da gab es doch zwischen einigen Großklöstern sogar kriegerische Auseinandersetzungen um Hab und Gut.

In allen buddhistischen Kulturen Asiens ist es üblich, dass Laien für das materielle Wohlergehen der Klöster sorgen. Darin liegt ein für buddhistische Vorstellung natürlicher Ausgleich, denn die Klöster sorgen ihrerseits für das geistige und spirituelle Wohlergehen der Gesellschaft, indem sie die Weitergabe der Geisteskultur und die Entwicklung ethischen Verhaltens fördern. Es heißt, dass demjenigen, der einen Mönch oder eine Nonne unterstützt, die Hälfte der angesammelten »Verdienste« zukomme. Einen Menschen zu unterstützen, der sein Leben dem Wohl aller widmet, ist sowohl ein Akt

Die Zimmer der Kinder reihen sich in luftigen Laubengängen aneinander

der Großzügigkeit, was allein schon Verdienste bringt, als auch eine wertvolle Beteiligung am verdienstvollen Bemühen um das Glück anderer. »Verdienst« bedeutet hier angesammeltes »gutes Karma«, in Entsprechung zu dem Gesetz der Kausalität. Schicksal im buddhistischen Sinn ist etwas, wofür man selbst Verantwortung übernehmen kann. Tut man Gutes – das, was für einen selbst und andere gleichermaßen gut ist –, erzeugt man damit »gutes Karma«, das sich auf dem Weg der Befreiung unterstützend auswirkt. Tut man Schlechtes – das, was einem selbst und anderen schadet –, erzeugt man »schlechtes Karma«, das den Weg zur Befreiung blockiert. »Befreiung« oder »Erleuchtung« bedeutet das Ende der Egozentrik und die völlige Entfaltung des Potenzials von Mitgefühl und Weisheit, »Buddha-Natur« genannt. Um die Buddha-Natur, die jedem Menschen angeboren ist, freizusetzen, gibt es viele methodische Hilfsmittel: das Studium der philosophischen/psychologischen/metaphysischen Lehren, Meditation, Rituale und Energiearbeit.

Kam im alten Tibet die Gemeinschaft – die Eltern der Klosterzöglinge und die Dörfer, die ein Kloster »besaßen« – für die Klöster auf, so ist es heute für die Klöster im Exil schwer, die Tradition aufrechtzuerhalten und ohne wirtschaftliche Sicherheit zu überleben. Dennoch bleiben sie der alten Form treu. »Wie könnten wir sonst den Laien die Gelegenheit bieten, so viele Verdienste zu sammeln«, sagte Chökyi Nyima Rinpoche heiter, nachdem er mir dies alles erklärt hatte.

Leben im Kloster

Im alten Tibet war es Brauch, dass mindestens ein Sohn ins Kloster ging. Das bedeutete gutes Karma für die ganze Familie. Und im Allgemeinen hatten die Kinder nichts dagegen, denn sie wussten, dass der monastische Status großes Ansehen in der Gesellschaft garantierte. Die Mönche waren geradezu berüchtigt für ihre Hochnäsigkeit. Für die Nonnen galt das nicht. Sie standen der Tradition nach weit unter den Mönchen, mussten sich vor ihnen als den Übergeordneten verbeugen und hatten es als ehrenvoll zu betrachten, wenn sie Mönche bedienen durften.

Im Exil hat sich vieles geändert. Doch immer noch gilt es den kleinen Jungen als Ehre, im Kloster aufwachsen zu dürfen, wenn auch in manchen Fällen die vordergründige Motivation reine Not ist. Nach wie vor sind nicht wenige Kinder darunter, die schon in sehr frühem Alter davon sprachen, ins Kloster gehen zu wollen. Nach tibetischer Anschauung weist dies darauf hin, dass die frühere Inkarnation des Kindes bereits im Kloster gelebt hatte. Aber selbst die »zufälligen« Umstände, die dazu führen, dass ein Kind ins Kloster kommt, werden als gutes Karma betrachtet, das der Betreffende in früheren Leben erworben hat.

Klosteralltag

Frühmorgens um sechs Uhr, wenn es in Kathmandu (etwa auf dem Breitengrad von Kairo) noch dunkel ist, ruft der Gong die Klosterinsassen in den Lhakang zur Morgen-Puja (religiöse Feier). Eine Puja enthält Rezitationen und Gesänge liturgischer Texte, Rituale, sakrale Musik und Meditationen. Die morgendliche Puja ist der Personifikation des vollkommenen Mitgefühls, Arya Tara, gewidmet. Dadurch, dass die Qualitäten des von Tara repräsentierten Mitgefühls genannt und ihre Energie durch Mantras und sakrale Töne gerufen oder geweckt werden, kann die Energie des Mitgefühls im Geist der Praktizierenden erwachen.

Diese komplexen Inhalte können die Kinder natürlich noch nicht verstehen. Für ihr kindliches Verständnis genügt es, Tara als eine Art Gottheit zu verstehen, an die sie sich wenden und von der sie lernen können, nicht nur an sich selbst, sondern auch an das Wohl der an-

Puja im Lhakang

Die Kinder sind zum Teeservieren während der Puja eingeteilt

deren zu denken. Später werden sie dann üben, sie als Personifikation ihrer eigenen und der universalen Weisheitsenergie zu erkennen.
Während der Puja wird Chai, süßer indischer Tee, von ein paar Kindern serviert, danach geht es zum Waschen und dann gibt es Frühstück, gefolgt vom Schulunterricht bis zum Mittagessen um zwölf. Nachmittags folgen noch einmal zwei Stunden Unterricht bis vier Uhr, wonach sich alle im Lhakang zur nachmittäglichen Beschützer-Puja versammeln. Hohe Wesen (Energien), die Schutz vor allem äußeren Unheil bieten, aber auch den Geist vor Gier, Aggression und Ignoranz bewahren sollen, werden angerufen. Von fünf bis sieben Uhr lernt jeder für sich allein, dann wird zu Abend gegessen, und vor dem Schlafengehen müssen noch eine Stunde lang Lehrtexte gelesen werden, denn man soll mit sinnvollen Gedanken einschlafen.
In Nepal wurden die Wochenenden nach westlichem Vorbild eingeführt, zudem gibt es noch viele Feiertage und natürlich auch Schulferien, in denen viele Zöglinge von ihren Eltern nach Hause geholt werden.

Schule

Meine ersten Erfahrungen mit der Klosterschule waren lautstark. Ich hörte die schrillen Stimmen der Kinder, die einander zu übertreffen suchten. Ein Blick in das Klassenzimmer zeigte mir Reihen von Kindern, die auf Matten saßen und von Texten auf kleinen Schemeln vor ihnen ablasen, einer lauter als der andere. In der Puja hatte es schöner geklungen, da wurden die Texte mit Reim und Rhythmus gemeinsam rezitiert oder melodisch gesungen, eine Form des Lernens, von der wir heute wissen, dass sie besonders wirkungsvoll ist. Doch in der Schulstunde ging es darum, die kompliziert geschriebenen Wörter möglichst schnell zu erkennen.

Das Lesen wird lautstark gelernt

Tibetisch ist eine Einsilbensprache, für die im siebten Jahrhundert eine Schrift nach indischem Vorbild entworfen wurde, was schwierig war, da Silben, die im Zusammenhang unterschiedliche Bedeutung haben, gleich klingend ausgesprochen werden. Es mussten also verschiedene Schreibweisen gefunden werden. Das führte in manchen Fällen zu regelrechtem Buchstabensalat und es wäre nicht so geschickt, die Kinder gleich mit dem mühseligen Entziffern zu belasten. Sie prägen sich einfach die Wortbilder ein. Das Schreiben wird erst viel später gelernt.

Eine geschickte Methode, dachte ich. So kommen drei Qualitäten zusammen: das Einprägen des Wortbilds, das Hören des Klangs der Sprache und das Auswendiglernen der Texte. Der gemeinsame Wettbewerb, bei dem jeder schneller sein möchte als die anderen, macht die Übung zusätzlich attraktiv.

Manche der kleinen Mönchsanwärter kommen aus tibetisch-nepalesischen Mischfamilien oder aus tibetischstämmigen Familien in den

Die tibetische Schrift ist kompliziert

Mangel an Schulmobiliar macht erfinderisch

Bergen Nepals und sprechen nur Nepali oder einen der Bergdialekte. Deshalb nimmt das Erlernen der tibetischen Sprache besonders viel Raum ein. Aber auch korrektes Nepali, die Sprache des Gastlandes, wird unterrichtet. Zudem gibt es in vielen Klöstern Englischunterricht, manchmal schon für Zehnjährige, in anderen Fällen für Jugendliche.

Ich wollte wissen, was für Texte die Kleinen in der untersten der insgesamt vier Lernstufen im tibetischen Klosterschulsystem lesen und auswendig lernen, denn kindgerechte Schulbücher schien es nicht zu geben. Es sind traditionelle Texte, erklärte der Lehrer, die Rezitationen der Pujas, Lehrgeschichten und Abhandlungen über das Grundthema, die Entwicklung von Weisheit und Mitgefühl. Ich wunderte mich. Wie sollten denn die Kinder diese schwierigen Texte verstehen? Ich ging mit meiner Frage zum Rinpoche. »Natürlich verstehen sie das nicht auf Anhieb«, sagte er und lächelte. »Aber wenn sie auch nur ein kleines bisschen davon verstehen, ist das schon sehr gut. Wenn man lesen lernt, soll man gleich etwas Sinnvolles lesen und auswendig lernen, mit dem man später etwas anfangen kann. Das Verständnis entwickelt sich mit den Jahren; erst ein bisschen, dann ein wenig mehr, dann noch mehr. Es vertieft sich immer weiter. Man hat die Lehren einfach schon im Kopf.«

Jüngere Kinder lernen Inhalte am besten durch Geschichten. Und Lehrgeschichten gibt es im tibetischen Buddhismus in reichem Maß. Solche Geschichten bringen die positive Geisteshaltung ohne erhobenen Zeigefinger nahe. Ein Beispiel: Der Dalai Lama weist gern darauf hin, dass man nicht nur mit Opfern Mitgefühl haben sollte, sondern auch mit den Tätern. Denn nach buddhistischer Anschauung ist die Trennung von »ich« und »andere« willkürlich; diese Trennung isoliert uns voneinander und das Getrenntsein ist die Grundlage des Leidens, das Erkennen und Erleben der Einheit hingegen die Grundlage des Glücks. Doch wie soll man dies einem Kind vermitteln? Dazu kann zum Beispiel die Geschichte vom Räuberhauptmann und dem Einsiedler dienen:

Ein Einsiedler lebte in seiner kleinen Einsiedelei in den Bergen. Eines Tages gelangte ein Räuberhauptmann auf der Flucht zu der Einsiedelei, nachdem alle seine Mannen in einem Gefecht mit dem kampferprobten Geleitschutz einer Karawane von Kaufleuten gefallen waren. Tibet war einst ein gefährliches Land und die gut organisierten Räuber hatten einen ähnlichen Status wie die Raubritter des europäischen Mittelalters. War die Kasse leer, ging man auf Raubzüge, wobei allerdings das Töten nach Möglichkeit vermieden wurde, und danach kehrte die Bande wieder heim und verwandelte sich zurück in brave Bauern.

Der hungrige Räuberhauptmann drang in die Hütte ein und verlangte mit gezücktem Messer eine reichliche Mahlzeit, die den größten Teil der bescheidenen Vorräte des Einsiedlers verschlang. In seiner Frustration zerschlug der Räuberhauptmann alles, was sich zerschlagen ließ, und schließlich warf er sich mit vollem Bauch auf die Strohmatte des heiligen Mannes und schlief laut schnarchend ein.

Der Einsiedler setzte sich neben den Räuberhauptmann und begann mit der Tara-Meditation. Die ganze Nacht lang rief er Tara, die Meditationsgottheit des mütterlichen Mitgefühls, mit ihrem Mantra an und visualisierte ihre Gestalt aus Regenbogenlicht über dem Schlafenden. All die liebevolle Energie des Mitgefühls drang ins Herz des Räubers. Dieser schlief sehr unruhig, manchmal seufzte und wimmerte er und am nächsten Morgen erwachte er als ein verwandelter Mensch. Er flehte den Einsiedler an, ihm zu verzeihen, und er erzählte: »Im Traum erlebte ich meine bösen Taten wieder, und die vielen

Arya Ta

Menschen, die ich beraubt, verletzt oder gar erschlagen habe, waren in Wirklichkeit meine Mütter aus früheren Leben. Jedes Opfer sah mich voller Verzweiflung an, und immer sah ich meine liebe Mutter, die mich geliebt und umsorgt und getröstet hat.« Er wolle nicht mehr so weiterleben, sagte der Räuberhauptmann, sondern des Einsiedlers Schüler werden und den Dharma erlernen.

Der traditionelle tibetische Klosterschulunterricht umfasst »geringere« und »höhere« Lehrfächer. Zu den geringeren gehören Dichtung, Schriftstellerei und Astrologie, die höheren sind Dialektik, Sanskrit, Heilkunde, Kunst und Philosophie/Psychologie beziehungsweise Metaphysik. Das Studium der Tantras, der tibetischen Sammlung der hohen buddhistischen Lehren, ist das höchste und letzte der Lehrfächer.

In vier Lernstufen werden die Kinder, Jugendlichen und jungen Erwachsenen ausgebildet. Der Unterricht wird mittels der vier traditio-

Studenten der Klosteruniversität

nellen Methoden gestaltet: Nachahmen, Auswendiglernen, Erklären und Disputieren. Zudem müssen natürlich auch die Details der Rituale im Lhakang gelernt werden.

In die nächsthöhere Stufe wird ein Kind dann versetzt, wenn es reif dazu ist, ungeachtet seines Alters, je nach Begabung und Fleiß. Noten gibt es nicht. Wer eine Prüfung nicht besteht, lernt eben weiter und wiederholt sie so lange, bis er sie geschafft hat. Prüfungen finden in allen vier Stufen nur mündlich statt. »Wir haben einmal den Versuch unternommen, schriftliche Prüfungen nach westlichem Vorbild einzuführen«, sagte der Rinpoche, »doch das hat sich als ungeeignet erwiesen. So erfahre ich nicht, was jemand wirklich weiß.«

Das Auswendiglernen wird vom Disputieren mit dem Lehrer abgelöst und von den Studenten der dritten und vierten Stufe miteinander formal geübt. In der traditionellen Form der Debatte sitzt der Befragte auf dem Boden und der Fragende steht vor ihm. In Prüfungen können es auch mehrere sein, die den Prüfling befragen. Der Fragende stellt seine Frage kurz und präzise und klatscht dazu mit ausgestreckten Armen einmal laut in die Hände. Das soll nicht nur den Geist des Kandidaten öffnen, sondern symbolisiert auch die Vereinigung von Intellekt und Intuition. Das Aufstampfen des Fußes hat ebenfalls symbolische Bedeutung. Es besagt: Alle Wesen sollen aus den leidvollen Bereichen des Samsara (dem Zustand der Identifikation mit den Impulsen von Habenwollen, Nichthabenwollen und Nichtwissenwollen) durch die Kraft der Weisheit befreit werden.

Eines Tages entdeckte ich eine Gruppe von jungen Mönchen und auch Kindern auf einer der Dachterrassen des Klosters, die laut lachten und sich offensichtlich prächtig vergnügten, und stieg schnell die Treppe zu einem darüberliegenden Flachdach hinauf. Von dort konnte ich in die Mitte der Versammlung sehen. Eine Disputation

Beim Debattieren wird viel gelacht

Auch der Rinpoche lacht mit

war im Gange, und der Prüfling war Tubten, ein junger Mönch, den ich gerade kennengelernt hatte. Tubten wurde befragt, aber er wusste die Antwort nicht und sein Gesicht verzog sich zu einem peinlich berührten Lächeln. Der Fragende, ein offenbar recht gewitzter Student, setzte noch eine Frage darauf, einer aus der Runde rief dazwischen und die ganze Gesellschaft, allen voran der Rinpoche, lachte schallend. Fröhliche Lust am Intellekt – so hatte ich mir eine Klosterschule nicht vorgestellt. Allerdings, ließ ich mir sagen, geht es nicht in jedem Kloster so heiter zu.
Wie er sich denn bei der Befragung gefühlt habe, fragte ich Tubten später. Eine nicht sehr taktvolle Frage, aber er beantwortete sie gelassen: So würde man viel lernen – schließlich hätten andere die Frage beantwortet und er habe gleich danach auch noch gründlich in seinen Büchern nachgeschaut.

Essen und Spielen

Der Schulunterricht dauert bis kurz vor dem Mittagessen. Dann rennen die Kleinen im Hinterhof herum, bis der Küchengong erklingt. Aufgereiht wie Hühnchen auf der Stange sitzen dann alle Kinder und Jugendlichen zu beiden Seiten ihrer Esshalle. Diejenigen, die gerade Servierdienst haben, teilen das Essen aus. Es ist mehr oder minder immer das gleiche, typisch nepalesische Essen: Reis, Dal (ein proteinreicher dünner Linsenbrei), Wurzel- und Grüngemüse, Kartoffeln, mal mit ein bisschen Fleisch, manchmal mit Tofu. Fleisch ist teuer in Kathmandu, vor allem solches, das direkt aus dem Kühlschrank anstatt von den sonst üblichen Fliegenschwärmen umgeben verkauft wird. Darum gibt es Fleisch, das die Kinder und Jugendlichen brauchen, nur zweimal in der Woche, im Übrigen müssen Dal und Tofu den Proteinbedarf decken. An Festtagen gibt es auch mal Momos, eine Art großer, mit Hackfleisch gefüllter Ravioli, ein tibetisches Nationalgericht.

Viele Tibeter im südlichen Exil hängen noch immer an ihrer traditionellen Küche mit viel Fett, die zwar für Tibets extreme Hochlage geeignet ist, aber weit weniger für ein Leben im subtropischen Vorgebirge des Himalaya. Im Januar kann es zwar recht kalt werden – die Temperaturen sinken nachts gelegentlich bis fast auf den Gefrierpunkt –, aber von Juni bis September tobt sich der Monsun aus und in der feuchten Hitze wäre leichte Kost mit viel Gemüse und Obst viel geeigneter. Das teure Obst wird beim Tsog, dem rituellen Essen während großer Pujas, ausgeteilt. Bei derselben Gelegenheit gibt es auch die begehrten und seltenen Kekse und Bonbons.

Wenn allen aufgetischt wurde, muss gemeinsam ein Lehrtext rezitiert werden. Zu diesem Zeitpunkt ist das Essen natürlich nicht mehr sonderlich warm und das ist auch gut so, denn nach indischer und zentralasiatischer Tradition ersetzt die Hand das Besteck und die kleinen Finger der ewig hungrigen Kinder picken auch das letzte Reiskorn auf.

Nach dem Essen ist Spielzeit. Spielsachen gibt es im Kloster nicht, also muss man improvisieren. Ein selbst gefertigter Stoffball, eine Holzlatte als Schläger, drei Stöckchen, die ein Tor bilden, und das Baseballspiel auf Exiltibetisch kann losgehen. Einmal brachte ich Softballausrüstungen mit, aber angesichts des sehr intensiven Gebrauchs haben solche Liebesgaben nur eine extrem kurze Lebensdauer. Zusammengeschnürte alte Socken und Topfputzer aus Plastik bleiben neben Murmeln die wichtigsten Spielutensilien.

Das Murmelspiel haben die Klosterkinder zu besonderer Perfektion entwickelt. Die Murmeln werden mit den Fingern geschickt in ein abgestecktes Ziel katapultiert. Wenn die Stars antreten, scharen sich

Nach dem Rezitieren ist das Essen lauwarm

dicke Trauben von kleinen und manchmal auch größeren Zuschauern um das Spielfeld im Staub des Hinterhofs, und das Konzert der Jubelschreie kündet von den ganz großen Würfen.

Raufen, Fangen, Kung-Fu-Scheinkämpfe und Herumtoben mit einem Klosterhund – all dies vom Rinpoche nicht ausdrücklich erlaubt, aber doch gebilligt – stehen in den kühleren Monaten an erster Stelle des Freizeitvergnügens. Die Anwesenheit von Klosterhunden, die keine Wächterfunktion zu erfüllen hatten, überraschte mich, nachdem ich in Tibet empört beobachtet hatte, wie junge Mönche Steine nach streunenden Hunden warfen, die im Kloster nach Futter suchten. In manchen Klöstern gehören Hunde zu den wenigen glücklichen Hunden Kathmandus; sie erfreuen sich regelmäßiger Mahlzeiten, passender Unterschlupfmöglichkeiten während der heftigen Monsungüsse und guter Behandlung. Man solle einen freundlichen Hund, der im

Fleischverkauf an der Straße – nichts fürs Kloster

Kloster Zuflucht sucht, nicht abweisen, so wurde ich belehrt. Er hat nämlich offenbar eine karmische Verbindung zum Kloster und das ist gut für ihn. Vielleicht ist er sogar ein verstorbener Mönch, der seine Gelübde nicht gehalten hat. Solche Mutmaßungen werden zwar lachend geäußert – aber wer weiß? Es gibt tatsächlich ganz erstaunliche Tiere unter diesen Hunden, wie etwa im Kloster von Tenga Rinpoche, wo der ehrwürdige alte Klosterhund keine Puja auslässt. Ich sah es selbst: Ordentlich betrat er gemeinsam mit den Kindern und Mönchen den Lhakang, ließ sich in einer Ecke auf seiner persönlichen Decke nieder und verhielt sich ruhig, schlief wahrscheinlich, bis die Puja zu Ende war und er brav mit allen anderen den Lhakang verließ. Er war als der disziplinierteste unter den nichtordinierten Klosterbewohnern bekannt.

Mit den Fingern zu essen ist Tradition

Vieles kann als Fußball dienen

Erziehung

Irgendein bestimmtes Erziehungskonzept konnte ich im Kloster nicht erkennen. Zumindest schien mir das, was ich sah, nicht repräsentativ für das tibetische Klosterleben der Vergangenheit zu sein. In Lebensberichten tibetischer Lamas hatte ich oft von den Härten der Kindheit im Kloster gelesen, von unfreundlichen Tutoren und häufigen Schlägen. Zwar missfiel mir die Art des Disziplinars, der die kleinen Jungen im Lhakang mit Knüffen strafte, wenn sie unruhig waren oder frühmorgens einnickten, doch allzu viel Strenge entdeckte ich nicht.

Der Rinpoche erklärte amüsiert: »In Tibet herrscht ein raues Klima, auch auf sozialer Ebene. Tibetische Kinder sind wild und eigensinnig. Das entspricht der tibetischen Mentalität. Tibeter gehen leicht aufeinander los; es ist einfach ihr Stil. Die tibetischen Kinder im Exil schei-

Am Samstagnachmittag dürfen alle fernsehen

nen jedoch sanfter zu sein. Wenn einer unserer Disziplinare einmal die Stimme erhebt oder gar eine Ohrfeige verpasst, ist das wirklich eine große Sache.«

Ein Gespräch mit Tenga Rinpoche über Erziehung

Der verstorbene Tenga Rinpoche, ebenfalls ein auch im Westen bekannter spiritueller Lehrer und mit »unserem« Kloster eng verbunden, hatte eine besonders »mütterliche« Beziehung zu seinen Klosterkindern und beschrieb mir ein paar Grundsätze der Erziehung auf der Basis der buddhistischen Lehren: »Für sehr wichtig halte ich die Frage des Verhaltens. Man muss das Verhalten der Kinder in der rechten Weise lenken. Und man muss ihnen zuhören. Wenn wir ein Kind grundsätzlich als Teil unserer selbst akzeptieren, entsteht Freude im Geist des Kindes. Ein Kind sollte das Gefühl haben, dass die

Tenga Rinpoche

Erziehenden Verständnis für seine Bedürfnisse haben; dann ist es glücklich. Wenn wir das Kind nicht als Teil unserer selbst sehen, fehlt uns das richtige Verständnis.«

Aber es gäbe doch sicher auch Probleme, sagte ich. Welche Haltung solle man denn dann einnehmen? Die Antwort lautete: »Wenn eine schwierige Situation mit einem Kind entsteht, ist es zuallererst nötig, diese Situation zu akzeptieren und sie zu verstehen. Außerdem ist es natürlich wichtig, dass der Erwachsene analysieren kann, ob es sinnvoll ist, ein bestimmtes Verhalten zuzulassen oder nicht. Kinder sind anders als Erwachsene, das muss man berücksichtigen. Hier im Kloster haben wir sehr viele Kinder. Wenn zum Beispiel die erwachsenen Mönche fünf Paar Socken bekommen, dann bekommen die Kinder ebenso viele. Doch sie gehen natürlich anders damit um. Die Erwachsenen spielen nicht, springen nicht so viel herum und brauchen sie deshalb auch nicht so schnell auf. Also muss man den Kindern eben häufiger neue Socken geben. So ist es in vielfacher Hinsicht. Es ist also nötig, den speziellen Bedürfnissen der Kinder gerecht zu werden.«

Und wie sollte ich dann die Berichte in manchen Autobiografien von Lamas einschätzen, dass sie im Kloster geschlagen wurden, fragte ich. Das stehe doch im Widerspruch zur buddhistischen Grundhaltung der Gewaltlosigkeit. »Nun ja, manchmal muss man streng sein«, antwortete Tenga Rinpoche, »aber nicht zu streng. In der Vergangenheit gab es da schon Fehler. Jemand fing an, in einer groben, harten Weise zu erziehen, und dann machten es die anderen nach. Doch die Motivation war nicht schlecht, wenn auch die Mittel im Widerspruch zur buddhistischen Lehre stehen mochten. Es ist nicht nötig, alte Formen der Disziplinierung zu übernehmen. Man muss Kinder als Kinder verstehen und nicht von ihnen verlangen, dass sie sich so verhalten wie die Älteren. Ich erlaube auch den Älteren nicht, sich zu Disziplinaren der Kinder aufzuspielen, wie es früher häufig üblich war. Es ist besser, den Kindern die Chance zu geben, heranzuwachsen und sich selbst zu disziplinieren. Doch manchmal muss man auch streng sein, etwa wenn Kinder den Unterricht schwänzen oder nicht bereit sind zu lernen. Kinder sind ja sehr unterschiedlich. Mit manchen muss man sehr sanft und freundlich umgehen, sie loben und ihnen kleine Geschenke geben. Man darf sie nicht entmutigen, sondern muss sie anfeuern und unterstützen. Aber es gibt andere, die nicht auf friedliche Weise zu beeinflussen sind. Da muss man vielleicht hart vorgehen, sie schimpfen und manchmal muss man sie sogar verhauen. Da geht es nicht anders, als dass man zornig auftritt. Wenn sie dann fünfzehn, sechzehn Jahre alt sind, werden sie im Allgemeinen vernünftiger. Es gibt allerdings einige wenige Fälle, da hilft gar nichts, ihr Verhalten lässt sich nicht korrigieren. Wenn sie fortgesetzt lügen, stehlen und so weiter, behalten wir sie bis zum Alter von achtzehn Jahren, dann werden sie entlassen und zu ihren Eltern zurückgeschickt. Sie bekommen genügend Geld, um eine Weile davon leben und eine Arbeit suchen zu können. Es gibt Menschen, die leicht lernen, andere weniger. Es gibt ruhige und wilde Persönlichkeiten, widerspenstige und solche, die sich leicht führen lassen. Dasselbe gilt für Kinder. Man muss versuchen, sie zu einem guten Verhalten zu beeinflussen, und manchmal muss man auch mit ihnen kämpfen. Wenn man jedoch gar nichts erreicht, ist es am besten, nichts zu tun, sie weder zu akzeptieren noch zurückzuweisen. Sondern es zu lassen, wie es ist. Manchmal ändern sie sich dann von selbst. Manchmal nicht.«

»Im Westen geht man davon aus, schlechtes Verhalten beruhe auf falscher Erziehung und negativen Umwelteinflüssen«, sagte ich und fragte, ob er das anders sehe. Tenga Rinpoche hob die Augenbrauen. »Das ist zu kurz gegriffen. Manche Menschen bringen negatives Karma aus dem früheren Leben mit. Dann dauert es oft lange, diese Muster zu verändern.«

Ich zögerte, jenen Einwand anzubringen, den ich zu Hause so oft schon gehört hatte: Diese armen Kinder ohne Mama und Papa, ohne diese sicheren Bezugspersonen (so sie denn sicher sind), bei denen sie sich geborgen fühlen können. Vorsichtig formulierte ich, ob denn ohne Familie die individuelle Zuwendung nicht möglicherweise zu kurz käme.

»Im Allgemeinen gebe ich die entsprechenden Lehren und Anweisungen allen gemeinsam«, erklärte der Rinpoche. »Aber in bestimmten Fällen ist es nötig, mit einem Kind oder Jugendlichen ganz persönlich zu sprechen. Dann lasse ich sie zu mir kommen und höre ihnen zu und sage, wie ich über die Situation denke und wie wir am besten

Tenga Rinpoche nimmt zwei neue Zöglinge auf

damit umgehen können. Bei uns sagt man, dass es drei grundlegende Punkte in der Erziehung gibt: Das Kind braucht gute Ernährung, den Schutz eines Heims und man muss ihm die Möglichkeit zur Entfaltung geben, damit es sich wohlfühlt. Dann ist Erziehung nicht so schwierig.«

Das leuchtete mir ein. Doch »Heim« und Kloster sind doch nicht dasselbe. Ob vielleicht manche Kinder gar nicht ins Kloster passten, fragte ich, und nach welchen Kriterien sie ausgewählt würden. Vor diesem Gespräch hatte Tenga Rinpoche zwei Kinder mit einer kleinen Zeremonie aufgenommen, bei der ihnen ein kleines Büschelchen Haare abgeschnitten wurde. Er lächelte. »Viele Eltern wollen eines ihrer Kinder ins Kloster bringen, das ist tibetische Tradition. Wenn ein Kind aus extrem armen Verhältnissen kommt, wird es grundsätzlich nicht abgelehnt. Ist die Familie jedoch einigermaßen wohlhabend, muss das Kind selbst den Wunsch äußern, Mönch werden

zu wollen. Es wäre unsinnig, ein Kind zu diesem Leben zu zwingen, wenn es sich nicht davon angezogen fühlt.«
Und, das muss dazugesagt werden, sie können das Kloster nach der Schule ohne Probleme verlassen. Zwar wird davon ausgegangen, dass man im Kloster bleibt, doch es wird nicht als unheilvolle Tat betrachtet, wieder in die Welt hinauszugehen.

Jugend

Im Kloster waren die Tore nicht verschlossen, nur vorn am Haupttor saß ein Posten in seinem Häuschen, der darauf achtete, dass keiner der allgegenwärtigen Bettler den Klostergrund betrat. Ich hörte zwar von einer allgemeinen Reglementierung, dass die Kinder und Novizen nicht herumstreunen sollten, doch es wurde ihnen viel Freiheit gewährt, soweit ihr eng gepackter Schul- und Studienplan es zuließ. Ein paar Runden mit Freunden um die Stupa bei der nachmittäglichen Kora, eine Begutachtung der neuesten Nepal-Pop-Hits in den Läden, die früher hauptsächlich Raubkassetten und später Raub-CDs verkauften, eine Cola im bescheidenen Kiosk neben dem Kloster – solche kleinen Freuden sind nicht verwehrt. Wenn es einmal im Fußballstadion ein Spiel gibt, hat wohl mancher der jungen Mönche neidvolle Gedanken, wenn ein anderer von Familie oder Freunden dazu eingeladen wird. Verboten ist dieses Vergnügen nicht. Die Zuschauertribünen sind dann von roten Klostergewändern gesprenkelt – Fußball ist eben für junge Männer rund um den Globus eine Attraktion.
Im Hinterhof des Klosters konnte ich oft Jugendliche bei Liegestützen beobachten, den Mönchsrock bis zu den Hüften hochgesteckt. Es ist traditionell nicht vorgesehen, dass die Klosterjungs ihrem natürlichen Bewegungstrieb nachgeben, doch der Einfluss der moder-

nen Welt hat einiges verändert. Diese Veränderungen gehen allerdings recht langsam vor sich. Mir fiel auf, dass meine tibetischen Freunde sehr effektiv sind, wenn es um Tätigkeiten geht, die sie von alters her kennen und gewohnt sind. Sie können zum Beispiel Klöster freihändig ohne Architekten und Statiker bauen; wenn es jedoch darum geht, moderne Badezimmer einzuplanen, ist die Sache schon viel schwieriger.

Die Struktur des Klosteralltags der Kinder und Jugendlichen ist zwar grundlegend die gleiche geblieben wie in Tibet, doch werden kleinere Veränderungen zugelassen, auf dass sich, so die Hoffnung, die positiven Anteile der tibetischen Tradition mit denjenigen westlicher Errungenschaften mischen und ausbalancieren werden. Im Äußeren flexibel sein, um den Kern zu schützen, gilt als die geeignete Methode. Hat der Novize die nötige Reife erlangt, hat er, wie schon erwähnt, die Wahl, ob er im Kloster bleiben und vielleicht eine spezielle klösterliche Ausbildung machen oder das Kloster verlassen will. Selten entschließt sich einer zu gehen. Bei den meisten hat sich bis zu diesem Zeitpunkt, im Alter von etwa zwanzig Jahren, eine Wertschätzung für die privilegierte Situation entwickelt, ihr Leben ganz ihrer geistigen Entfaltung widmen zu dürfen (oder sie finden es einfach viel angenehmer, im Kloster zu bleiben, anstatt sich in den harten Lebenskampf hinauszuwagen). Meistens wissen sie auch schon, wo ihre Neigungen im Kloster liegen: Schullehrer zu werden oder Hochschullehrer, Ritualmeister; vielleicht sehnt sich einer nach dem Rückzug in eine Einsiedelei oder er strebt eine medizinische Ausbildung in einer der wenigen medizinischen Hochschulen im Exil an. Vielleicht ergibt es sich auch, dass er im Büro mitarbeitet oder, wenn er sich durch Studien und das traditionelle Dreijahres-Retreat qualifiziert hat, in den Westen in ein Meditationszentrum geschickt wird.

Mein Patensohn und seine Mutter

Mein Patensohn beschrieb als Siebzehnjähriger sein Klosterleben so: »Ich wurde in Nubri, einem Gebiet nahe der tibetischen Grenze, als Sohn des Nubri-Rinpoche geboren. Als ich acht Jahre alt war, starb mein Vater. Zwei Jahre später brachte mich meine Mutter hierher in dieses Kloster. Ich hatte mir nie etwas anderes vorstellen können, als Mönch zu werden; schon im Alter von vier Jahren hatte ich gesagt, sie sollten mich ins Kloster geben. Als mein Vater gestorben war, dachte ich immer: Ich möchte so werden wie mein Vater.

Am Anfang fühlte ich mich hier natürlich schrecklich einsam ohne meine Mutter und meine kleine Schwester. Und Besuche zu Hause waren selten, denn um nach Nubri zu kommen, muss man erst zwei Tage mit dem Bus fahren und dann acht Tage lang über sehr hohe Berge wandern. Es ist ein sehr beschwerlicher und teilweise auch gefährlicher Weg – oder eher ein Trampelpfad. Man muss auch reißende Flüsse überqueren. Es ist sehr schwierig.

Aber nach einiger Zeit hatte ich Freunde gefunden und dann gab es auch den Unterricht, auf den ich mich konzentrieren musste. In den ersten fünf Schuljahren lernte ich Vokabular und Grammatik. Das war ziemlich schwierig und wir mussten viele Texte auswendig lernen, die Texte der Pujas und Sadhanas (Meditation und Kontemplation) und noch viele andere. Danach folgte die Vinaya-Ausbildung, also wie man sich als Mönch benimmt, wie man sich bewegt, wie man sich äußerlich und innerlich würdig verhält usw. Dazu kam das Studium des Bodhisattva-Wegs. Auf der dritten Stufe begann dann das Studium der Lehren bei den verschiedenen Khenpos (Hochschullehrer). Ich studiere jetzt philosophische Texte und wir lernen auch ein bisschen Astrologie und die Grundlagen der tibetischen Medizin. Ich habe die wichtigsten Prüfungen abgeschlossen und beginne mit den höheren Studien.

Als ich anfing, die Lehren zu studieren, wurde mir immer klarer, dass die geistige Erziehung sehr wichtig für das Leben ist. Ich sah alte Mönche, die in ihrer Jugend nicht die Gelegenheit zu einer guten Ausbildung gehabt hatten, und ich stellte fest, dass das Leben sehr schwierig für sie war. Ohne Studium der Lehren weiß man nicht, wie man die Ursache des Glücks kultivieren kann. Diese alten Mönche, die keine richtige Ausbildung genossen haben und vielleicht in ihrer Jugend zu sorglos waren und keine Lust zu studieren hatten, tun mir sehr leid. Wenn sie dann alt sind, erkennen sie, was sie versäumt haben, und dann sind sie sehr enttäuscht und frustriert.

Das Studium der Lehren hat mir klargemacht, wie dankbar wir sein können, einen wertvollen menschlichen Körper zu haben, und wie sinnvoll es ist, die Ursache des Glücks zu kultivieren. Dieser Körper ist so vergänglich, und andererseits gibt er mir die Chance zur Erleuchtung, weil wir studieren und Meditation praktizieren können.

Am Anfang meines Studiums hatte ich ein völlig neutrales Gefühl den Lehren gegenüber. Ich machte mir keine Gedanken, ob sie wahr oder nicht wahr seien. Man musste sie eben lernen, weil der Lehrer es verlangte. Aber nach einiger Zeit, als ich einiges verstehen gelernt hatte, und vor allem, wenn es mir schlecht ging und ich die Beispiele, die in den Texten genannt werden, bei mir selbst anwenden konnte, empfand ich immer mehr Gewissheit, dass der Dharma wirklich wahr ist und dass ich ihm vertrauen kann. Und so wuchs mein Interesse immer mehr; ich empfand das Lernen nicht mehr als Zwang und Last, sondern als etwas, was mir Freude machte. Heute ist mein Vertrauen in die Lehren so groß, dass es durch nichts mehr erschüttert werden kann. Denn ich weiß durch meine eigene Erfahrung mit meinem eigenen Geist, dass sie wahr sind.

Ich möchte gern bei großen Lehrern studieren und wenn ich mein

Jugend zwischen altem Tibet und modernem Nepal

Studium beendet habe, möchte ich einen Meister finden, der mich in Meditation unterweist. Ich stelle mir vor, dass ich viel Zeit im Retreat verbringen möchte, um zum Wohl aller Wesen die Erleuchtung noch in diesem Leben zu erlangen. Zu Hause in Nubri erwartet man von mir, dass ich nach dem Studium, wenn ich fünfundzwanzig Jahre alt bin, das Kloster meines Vaters übernehme, das Zölibatsgelübde zurückgebe und heirate, um die Erbfolge fortzuführen. Auch meine Mutter stellt es sich so vor. Aber ich möchte das nicht. Ich möchte auch nicht im Kloster leben, sondern lieber in einer Einsiedelei, wo mich nichts von der Meditationspraxis ablenkt.«

Bevor ich bei den Nonnen auf dem Berg mit meinen jährlichen zweimonatigen Meditationsretreats (Einzelklausur ohne soziale Kontakte) begann, hielt ich mich häufig im Kloster der Mönche auf und so sah ich »meine« kleinen Jungs zu Jugendlichen und die größeren zu jungen Männern heranwachsen. Diese jungen Menschen waren so ganz anders, als ich es aus meiner westlichen Welt kannte, und sie waren – und sind – auch anders, als manche beunruhigenden Berichte aus tibetischen Großklöstern im südindischen Exil vermuten lassen. Als freundlich, entspannt und durchaus lebensfreudig empfand ich sie, manche eher scheu, manche geradeheraus; aber ganz gewiss nicht frustriert. Liegt es an der speziellen Traditionslinie (Kagyü-Nyingma), die sich an eine antidogmatische Bewegung (Rime) anlehnt, welche von den Vorvätern dieser beiden Linien im vorchinesischen Tibet ins Leben gerufen wurde? Oder mehr noch am Oberhaupt des Klosters, der eine intensive Atmosphäre von Freundlichkeit und Offenheit verbreitet? Ich wollte mehr darüber wissen, also fragte ich meinen siebzehnjährigen Patensohn, wie es ihm denn als Jugendlicher im Kloster erginge. Daraufhin hatte er die Idee, mir eine Botschaft an seine jugendlichen Altersgenossen im Westen zu diktieren.

»Man hat mir erzählt, dass westliche Jugendliche viel von Freiheit reden und offenbar das Gefühl haben, sie hätten zu wenig davon. Vielleicht sieht es für einen Außenstehenden so aus, als gäbe es in einem Kloster mit seinen vielen Regeln überhaupt keine Freiheit. Aber ich finde, dass diese Regeln sehr sinnvoll sind – und dass sie gut für uns sind. Ich fühle mich nicht unter Zwang. Zum Beispiel dürfen Mönche keinen Alkohol trinken. Es ist ja nicht so, dass es für das Kloster gut oder schlecht wäre, wenn ich nun trinke oder nicht. Für mich persönlich ist es von Vorteil, wenn ich es nicht tue – für meine Gesundheit, für meine geistige Klarheit. Es ist den Mönchen auch nicht erlaubt, sich herumzutreiben; sie müssen sich an den Tagesplan halten. Auch das ist für mich persönlich von Vorteil, denn so verschwende ich nicht meine Zeit mit Sinnlosem, sondern konzentriere mich auf mein Studium und kann auf diese Weise lernen, worauf es wirklich ankommt, was man lassen und was man kultivieren soll. Das hat nicht nur mit der Gegenwart zu tun. Als Buddhist bin ich auch vom Prinzip der Wiedergeburt überzeugt, vom Kreislauf der Existenzen. Und um Erleuchtung zu erlangen, um zur Ursache des Glücks zu gelangen, muss man wissen, was genau die Ursache des Leidens ist und was die Ursache des Glücks ist. Um das zu verstehen, studieren wir die Lehren des Buddha. Deshalb finde ich, dass es sehr gut ist, sich an die Regeln des Klosters zu halten.

Ich habe auch gehört, dass manche Menschen im Westen meinen, wir würden einfach so konditioniert, weil wir schon als Kinder ins Kloster kommen; dass wir einer Art Gehirnwäsche unterzogen würden und dann eben angepasst seien. Das mag vielleicht von außen so aussehen. Doch in Wirklichkeit kann man den Geist der Menschen nur schwer ändern. Meiner Erfahrung nach sind es die Lehren des Buddha, die wir auf uns selbst anwenden lernen und die uns helfen, die Einsicht zu entwickeln, dass diese Regeln gut für uns sind.

Grundsätzlich ist es sehr wichtig, dass man die Lehren mit der eigenen Erfahrung vergleicht. Zunächst muss man natürlich die Logik begreifen, doch das reicht nicht aus. Man muss sie anwenden. Und wenn man dann feststellt, dass sie wahr sind, fühlt man sich immer mehr motiviert, sie weiter zu studieren. So geht es jedenfalls mir persönlich.

Die Lehren des Buddha machen deutlich, dass Erleuchtung das wirkliche Glück bedeutet und dass es darum geht, die Ursache des Glücks zu erkennen, zum Glück zu finden und die Früchte des Glücks zu ernten. Aber man muss das in der richtigen Weise verstehen; im anderen Fall kann es zu großen Missverständnissen kommen.

Ob man Buddhist ist oder nicht, ob man an den Kreislauf der Existenzen glaubt oder nicht – in jedem Fall ist es sehr wichtig, ein freund-

liches Herz zu kultivieren und keine negativen Gedanken anderen gegenüber zu nähren. Man sollte ständig darauf achten, niemandem zu schaden, in welcher Weise auch immer. Das ist gut für einen selbst und für die ganze Welt.

Ein menschliches Wesen sollte einen zufriedenen Geist haben. Ohne einen zufriedenen Geist wird alles, was man besitzt, nicht ausreichen, selbst wenn man sehr reich ist. Deshalb ist es so wichtig zu verstehen, was wahres Glück ist und was die Ursache des Glücks ist. Und ich bin der Überzeugung, dass Glück nur durch das Studium und die Praxis des Dharma zu erreichen ist. In den Bergen, wo ich zu Hause bin, besitzen die Menschen wenig. Sie besitzen gerade so viel, wie sie zu ihrem einfachen Leben brauchen. Aber es sind glückliche Menschen mit innerem Frieden, denn sie leben den Dharma.

Im Westen gibt es heute auch die Möglichkeit, Bücher über die Lehren des Buddha zu lesen, und es gibt Zentren, wo man den Dharma studieren kann. Dann kann man die Lehren anwenden und erleben, dass sie wahr sind. Glücklich sein, zufrieden sein, ein sinnvolles Leben haben – das wollen wir doch alle!« (Dolmetscher: Jigmed Kunzang)

Ordination

Die erste Ordination, die ein junger Mönchsanwärter erhält, ist vergleichbar mit westlichen Novizengelübden. Dann wird er als Getsul bezeichnet. Damit sind 36 Regeln verbunden, die jedoch zu 10 Enthaltungen zusammengefasst werden (das klingt weniger abschreckend).

Da sind zunächst die sogenannten »vier Wurzeln«:

- Enthaltung vom Töten
- Enthaltung vom Stehlen

- Enthaltung vom Lügen
- Enthaltung vom Geschlechtsverkehr,

gefolgt von den »sechs Ästen«:

- Enthaltung vom Alkohol
- Enthaltung von weltlichem Tanz, Gesang und Musizieren
- Enthaltung von Schmuck und Parfüm
- Enthaltung vom Schlafen in einem hohen und breiten Bett
- Enthaltung vom Essen nach dem Mittag (oder Nachmittag)
- Enthaltung vom Besitz und Berühren von Gold und Silber.

Die volle Ordination (Gelong) ist mit 253 Regeln verbunden. Sie gilt im Gegensatz zur ersten Ordination zwar lebensllang verpflichtend; aber die Gelübde können dennoch »zurückgegeben« werden, ohne dass ein Ausschluss aus dem Sangha, der Gemeinschaft der praktizierenden Buddhisten, damit verbunden ist.

Sexualität

Ich machte mir Gedanken darüber, wie junge Mönche, angefüllt mit Testosteron, mit ihrer Sexualität zurande kommen. Zwar hätte ich gern einen von ihnen gefragt, doch das war aus Gründen des Takts natürlich nicht möglich. Also fragte ich den Rinpoche, welche Hilfen man den Jungen hierfür gäbe. Er erklärte: »Da sexuelle Begierde auf körperlicher Anziehung beruht, ist ein wirkungsvolles Mittel zur Beruhigung der Begierde die Kontemplation der Bestandteile des Körpers: Blut, Organe, Muskeln, Fettgewebe, Gedärme, Schleim, Kot und so weiter. Diese Praxis heißt: ›Das Ausrichten der Konzentration auf die Entwicklung von Gegenmitteln‹. Sie ist ein Teil grundlegender Methodik, Gegenmittel gegen die drei Geistesgifte: Analyse als Gegenmittel gegen Begierde; die Entwicklung von Liebe und Mitgefühl als Gegenmittel gegen Aggression; die Kontemplation des Entstehens und Vergehens als Mittel gegen Ignoranz.«

Ich fragte mich insgeheim, ob das wirklich reicht. Der Buddha sagte, die sexuelle Energie sei die stärkste Kraft im Universum. In Verbindung mit den Lehren und Meditationen des tibetischen Tantrayana werden auch Methoden gelehrt, um die grobe sexuelle Energie in subtilere Energie zu transformieren, die für den spirituellen Entwicklungsweg zur Befreiung der reinen Natur des Geistes nutzbar gemacht werden kann. Doch diese Methoden sind den jungen Mönchen nicht zugänglich. Sie werden erst später unter Anleitung eines erfahrenen Lehrers und eingebettet in bestimmte Meditationen vermittelt.

Zunächst heißt es studieren, studieren, studieren; und wenn sie nicht studieren, sitzen sie im Lhakang in den Pujas, die sich oft über viele Tage hinziehen, mit wenigen Unterbrechungen vom frühen Morgen bis spät in die Nacht. Das ist wohl ein recht wirkungsvolles Gegenmittel.

Studien

Das Studienmaterial, das in den Klöstern der verschiedenen Traditionslinien verwendet wird, besteht aus einer Auswahl von überlieferten philosophischen und psychologischen Texten und Kommentarwerken. Es liegt bei der jeweiligen Traditionslinie, welches Material aus der ungeheuer umfangreichen Literatur des tibetischen (einschließlich des früheren) Buddhismus verwendet wird.

Logik

Wenn die Kinder ihre Grundausbildung im Lesen und Schreiben, dazu ein wenig Mathematik und Geografie, beendet haben, wird erst einmal Logik gelernt. Dann wird es still in den Klassen und manch-

mal mischt sich auch ein alter Mönch unter die jungen, der nicht das Glück einer guten Ausbildung gehabt hat.
Klares Denken, so heißt es, ist unbedingt notwendig, um die komplexen buddhistischen Lehren von der Art und Weise, wie der Geist funktioniert und wie man auf ihn einwirken kann, zu verstehen. Schon der historische Gautama Buddha, »der Erwachte aus dem Geschlecht der Gautama«, verordnete nicht etwa Gläubigkeit und frommes Verhalten, sondern empfahl, den eigenen Verstand zu verwenden und aus guter Einsicht zu handeln. Wir würden ihn heute vielleicht einen Intellektuellen nennen. Wenn jemand nur deshalb ein Anhänger des Buddha wurde, weil er sein Auftreten und seine Eloquenz so beeindruckend fand, riet er dem übereifrigen Jünger nachdrücklich, nichts zu überstürzen und erst einmal gründlich über die Lehren nachzudenken. Er ging so weit zu sagen: »Glaubt nicht, weil es Tradition ist, glaubt nicht dem Hörensagen, glaubt nicht verehrten Lehrern, nur weil sie berühmt sind, glaubt auch mir nicht – prüft selbst, und wenn ihr das erkannt habt, was euch selbst und anderen zum Wohle dient, dann nehmt es an.«

Der Weg des Bodhisattva

Nach dem Grundstudium der Logik folgt das Studium der Lehren vom erleuchteten Handeln (Prajnaparamita). Bodhisattva ist im »Nördlichen Buddhismus« (Mahayana) eine Bezeichnung sowohl für bestimmte Meditationsgottheiten, welche die Energie der vollkommenen Geistesklarheit, des vollkommenen Mitgefühls und der vollkommenen Kraft verkörpern, als auch für Menschen, die diese Qualitäten weitgehend manifestieren.
Den Beginn des buddhistischen Entwicklungswegs bildet das »Zufluchtsgelübde«, wobei man Zuflucht nimmt »zum Buddha, dem

Lehrer, Dharma, seinen Lehren, und Sangha, der Gemeinschaft seiner spirituellen Nachfolger«, und sich verpflichtet, sich ungeeigneter Handlungen wie Töten, Stehlen, Lügen, Missbrauch von Rauschmitteln und Missbrauch von Sexualität zu enthalten. Das »Bodhisattva-Gelübde«, das praktizierende (Laien-)Buddhisten des Nördlichen Buddhismus (in Tibet und Ostasien) als zweites Gelübde ablegen, beinhaltet das Gelöbnis, dass man sich darauf ausrichtet, sich für das Wohl aller Wesen, d.h. Menschen, Tiere, Geister und Dämonen, einzusetzen. Es ist ein ausdrücklicher Verzicht darauf, egoistischen Impulsen zu folgen, und bedeutet, voll und ganz Verantwortung zu übernehmen, nicht nur für sich selbst, sondern auch für andere.
Das Bodhisattva-Gelübde, das täglich erneuert wird, lautet:

»Alle Wesen waren meine Mütter.
Auf dass sie wie der Buddha werden mögen,
will ich beständig den erwachten Geist entwickeln,
indem ich mich allen Tuns enthalte, das Schaden bringt,
nur das tue, was recht ist, und zum Wohle anderer wirke.«

Die zentrale mythische Geschichte des Bodhisattva-Wegs beschreibt diese Haltung: Als der Buddha Amitabha (der Buddha-Aspekt der vollkommenen Liebe und des Mitgefühls) die Befreiung erlangt hatte und ins Nirvana, den Ort jenseits allen Leidens, hätte eingehen können, gelobte er, dass er so lange keinen Gebrauch von dieser Möglichkeit machen wolle, solange noch ein einziges Wesen im Universum leide. Erst wenn alle befreit seien, wolle er mit ihnen zusammen ins Nirvana eingehen. So lernen es schon die Kleinen, die diesen Text als einen der ersten lesen üben und auswendig lernen.
Die »außergewöhnlichen Eigenschaften« des Bodhisattva (Paramitas) spielen als Orientierung, was die innere Haltung wie auch das

äußere Verhalten betrifft, eine große Rolle. Es sind dies: Großzügigkeit, Disziplin, Geduld, freudige Anstrengung, Meditation und Wissen. Diese sechs Paramitas darf man nicht als »Gebote« verstehen, als den Befehl: »Du sollst!« Der Schlüssel ist die richtige Einsicht, denn Paramita bedeutet »höchstes Wissen«. Diese Einsicht führt aus der Ich-orientierten Haltung, wie z.B.: »Ich will ein guter Mensch sein!«, zur Entspannung aller Vorstellungen, aus der heraus die Paramitas spontan entstehen.

Philosophie und Tantras

Der nächste Studienschritt führt in die Philosophie des Buddhismus. Genau genommen passt unser Begriff »Philosophie« nicht allzu gut, denn es geht dabei ebenso sehr um Psychologie; diese beiden Bereiche sind nicht getrennt. Nach buddhistischer Ansicht sind das persönliche Denken und Verhalten nicht von der Weltanschauung zu trennen. Motivation und Handeln sollen auf dem Wissen über die Natur des Geistes und seiner Manifestationen beruhen.

Das Studium der Tantras, spezielle Lehren des tibetischen Buddhismus, ist der letzte Studienschritt, der den voll ordinierten Mönchen vorbehalten ist. Um sie verstehen zu können, muss man das Studium der vorangegangenen Lehrinhalte abgeschlossen haben.

Der tibetische Buddhismus wird Vajrayana (Diamantweg) und auch Tantrayana (Weg des Tantra) genannt. Tantra ist ein Begriff, der im Westen häufig mit Sexualpraktiken assoziiert wird. Das ist jedoch ein Missverständnis, das darauf beruht, dass die sexuelle Energie, anders als in den theistischen Religionen, in den spirituellen Entwicklungsweg integriert ist.

Vor einem der Läden, die Thangkas, tibetische Rollbilder, und sakrale Statuen anbieten, stand ich einmal neben einer Touristin, die

Vater-Mutter-Buddha, Weisheit und Mitgefül

eine Yab-Yum-Figur (»Vater-Mutter«-Haltung, die Haltung sexueller Umarmung) betrachtete und erschreckt murmelte: »Also wirklich!« Vermutlich hatte ihr niemand erklärt, dass dies das heilige Symbol der Verbindung von essenzieller Weisheit und Mitgefühl ist.

Das sehr umfangreiche Studium der Tantras, sagt der Rinpoche, sei nur für jene nötig, die das Ziel haben, später einmal zu lehren – und jeder Mönch, der studieren möchte, wird als potenzieller Lehrer betrachtet. Doch ein junger Mönch, der sich nicht geeignet für die höheren Studien fühlt, kann auch den Weg der Meditation wählen. Beides führt letztlich zu demselben Ziel.

Sakralmusik

Die sakrale Musik spielt im Klosterleben eine große Rolle. Als Erstes lernen die Kinder die liturgischen Gesänge, die zu bestimmten Pujas gehören. Es gibt unterschiedliche Stilarten des Gesangs, wobei der außergewöhnlichste der tiefe Obertongesang ist, den man »Brüllen des Löwen« und »Yamas zorniger Schrei« nennt. Dieser Gesangsstil wird nur in wenigen Klöstern praktiziert. Er verlangt eine besondere Schulung, die es ermöglicht, die Stimmbänder so zu entspannen, dass sie mit einem extrem tiefen Ton vibrieren, der von einem Oberton begleitet wird.

Jeder Jugendliche muss die nötige Geschicklichkeit im Umgang mit den verschiedenen Instrumenten lernen, denn die tibetische Sakralmusik ist ein unverzichtbarer Teil des Rituals und jeder muss die diversen Aspekte der Rituale beherrschen. Natürlich gibt es Unterschiede in der Begabung und auch im Eifer des Lernens, das wird bis zu einem gewissen Grad auch berücksichtigt.

Da das Blasen der Trompeten und Hörner, vor allem der Alphörnern ähnlichen Langhörner, viel Kraft braucht, ist das Spielen dieser Instru-

[M]uschelhorn

Langhorn

[T]rompete

Becken

mente zumeist die Aufgabe der jungen Mönche. Als Erstes beginnen die größeren Kinder mit dem Üben an den Muschelhörnern (Dungkar) und an den großen, in einem Rahmen aufgehängten Trommeln, denn das ist am einfachsten. Danach lernen sie die Kurztrompeten aus Knochen oder Metall (Kangling) spielen, dem folgt dann später die anstrengende Bedienung des Langhorns (Radong) und schließlich

sind die zwei verschiedenen Gyaling, oboenartige Instrumente, an der Reihe. An die Becken lässt man die Jungen nicht heran; die dürfen nur vom Umdze (Musikmeister) und von Mönchen höheren Rangs verwendet werden. So einfach dieses durchdringende Scheppern erscheinen mag, es ist doch sehr differenziert und verlangt Könnerschaft. Das Spielen der Blasinstrumente, vor allem der Gyaling, erfordert eine ganz besondere Atemtechnik: Der Spieler muss, während er durch die Nase einatmet, gleichzeitig den Atem durch den Mund ausblasen, damit ein ununterbrochener Ton entsteht. Eines Tages entdeckte ich ein paar Jungen mit Gläsern voller Wasser und Strohhalmen im Hinterhof des Klosters. Sie ließen das Wasser blubbern, doch das ergab keinen Sinn. So große Jungen vergnügten sich doch gewiss nicht mit etwas so Kindischem. Auf meine vorsichtige Frage lachten sie schallend. »Wir üben Gyaling spielen«, erklärten sie und machten es mir vor. Es war die »trockene« Art des Übens. Sie bliesen die Luft durch den Halm in das Glas und ich konnte sehen, dass ununterbrochen Luftblasen aufstiegen, zumindest bei einigen. Ich solle es auch mal versuchen, sagten sie. Natürlich konnte ich es nicht.

Der Musikunterricht spielt sich ganz anders ab als in einer westlichen Schule. Da muss kein kompliziertes Notensystem gelernt, keine Tonleiter geübt werden. Die Jungen kennen die Rhythmen und einfachen Tonfolgen von klein auf und spielen die Melodie, die sie lernen sollen, einfach aus dem Gedächtnis nach. Meine Frage nach einer Notenschrift löste ein langes Suchen in den Abgründen der tibetischen Bibliothek aus. Schließlich wurden ein paar antike Notenblätter mit einer bildlich ausdrucksvollen, für meine Augen aber eher abenteuerlichen Notierung zutage gefördert. Ganz offensichtlich wurde sie selten bis gar nicht gebraucht. Wer seine Passagen oft genug gehört hat, kann sie auch spielen.

ie große Trommel

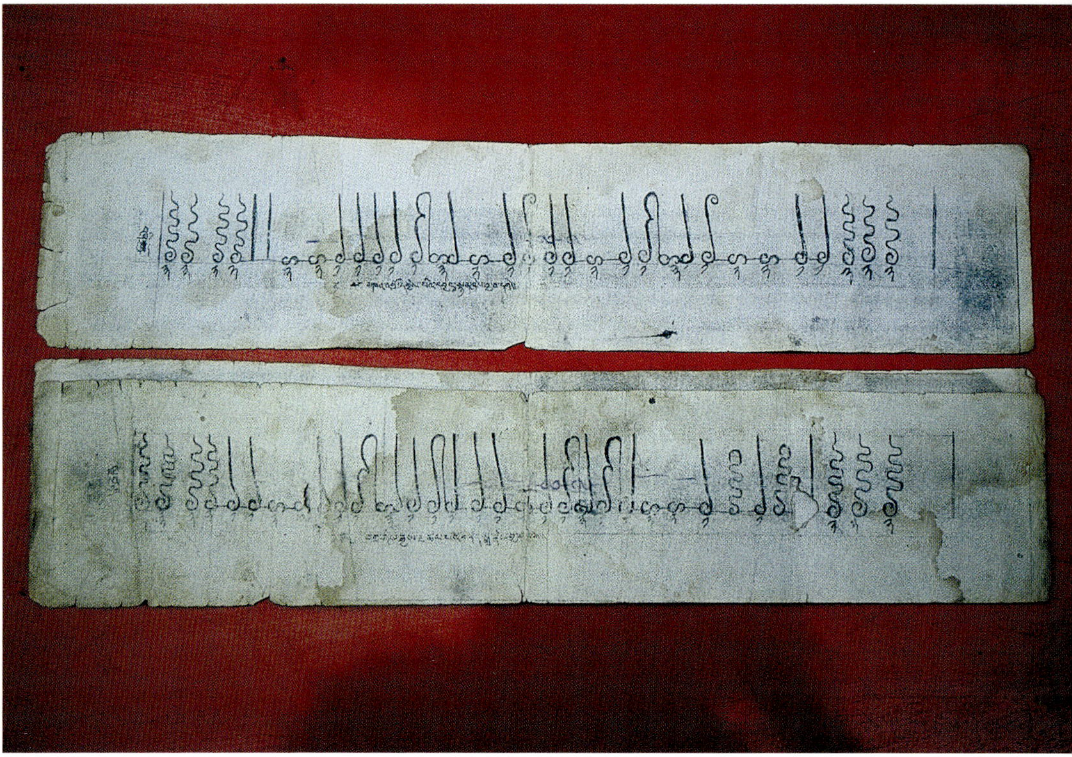

Tibetische Notenschrift

Mir fiel auf, dass alle Musikinstrumente immer paarweise gespielt wurden. Dies, so ließ ich mir erklären, symbolisiere die Untrennbarkeit der weiblichen und männlichen Energieaspekte im Universum wie im Individuum und die Manifestation der Buddha-Weisheit, Geistesklarheit und mitfühlendes Handeln. Zudem hat jedes Instrument eine ganz spezielle Bedeutung. Zum Beispiel dienen die Töne der Langhörner und der Trompeten dazu, geistige Hindernisse »durchzuschneiden«.

Auch der Gesang hat unterschiedliche Aspekte. Da gibt es den zornvollen Ton, den friedlichen Ton und den Herz-Ton. Jede Ausdrucksform ist mit der entsprechenden Visualisierung einer bestimmten »Gottheit« (personifizierte Weisheitsenergie) verbunden. Ohne die tiefere Kenntnis des tibetischen Buddhismus ist diese Sakralmusik völlig unverständlich und vom Standpunkt westlicher Hörgewohnheiten ist sie alles andere als schön. Die Trommeln donnern, die Trompeten und Oboen stoßen lang gezogene, durchdringende Töne aus, die Langhörner dröhnen tief und beunruhigend und dazwischen scheppern die großen Becken, dass einem Hören und Sehen vergeht und selbst eine ausgefeilte elektronische Aufnahmetechnik schnell überfordert ist.

Was für westliche Ohren wie eine Art Hexensabbat klingt, beruht auf energetischen Gesetzen, die mit dem feinstofflichen Energiesystem des Menschen zu tun haben. Die Musik dient dazu, diskursive Gedanken durchzuschneiden und »Gottheiten« herbeizurufen, anders ausgedrückt: personifizierte universale geistige Energien zu aktivieren, die einer größeren Dimension als der des Denkens und Fühlens angehören.

Die tibetische Sakralmusik ist ohne Zweifel ebenso außergewöhnlich wie der gesamte tibetische Buddhismus. Und sie ist wie dieser von vielen Seiten her inspiriert. Sie enthält indische Elemente, wie bestimmte Gesänge, die vor mehr als tausend Jahren aus Indien eingeführt wurden. Auch das Muschelhorn kommt aus der indischen Tradition. Die verschiedenen Trommeln erinnern an die Schamanentrommeln der ethnischen Religion Tibets (Bön). Und die Oboen schließlich gehen wahrscheinlich auf Einflüsse aus dem Vorderen Orient zurück.

Sakraler Tanz

Außer im rituellen Rahmen der Pujas werden sakrale Musikinstrumente auch bei den Klostertänzen eingesetzt. Vor allem im Frühjahr, wenn im Februar während der Zeit des tibetischen Neujahrs (Losar) große sakrale Feste gefeiert und Klostertänze (Cham) aufgeführt werden, kann man zuvor in den Freistunden am Nachmittag und

Tanz der zornvollen Gottheiten, um die subtile Energie zu wecken, die Negativität vernichtet

Abend die jungen Novizen und Mönche auf dem Vorhof des Klosters bei ihren eifrigen Tanzübungen beobachten. Mit weit ausgebreiteten Armen machen sie ausholende Schritte, kreisen, schreiten komplizierte Linien ab, und manchmal machen sie gewaltige Sprünge, die eine gute Kondition erkennen lassen.

Die Klostertänze sind ein wichtiger Teil der vielfältigen tibetischen Ritualistik; sie sind Mysterienspiel, Maskentanz, Opferritual und auch Unterhaltung für das zahlreiche Laienpublikum. In den Tagen zuvor werden die kostbaren Masken und Brokatgewänder aus den Schränken der Maskenkammer geholt, zum größten Vergnügen der Kinder, die dabei helfen dürfen.

Alles wird geprüft, vielleicht repariert, und am Morgen des großen

en Kindern macht es Vergnügen, die Masken aus der Maskenkammer zu holen

Tanzes werden die jungen Tänzer sorgfältig angekleidet. Die prachtvollen Brokatgewänder gehören zum kostbarsten Besitz eines Klosters und sie sind einmalig, denn jedes große Kloster hat seine eigene überlieferte Tanztradition.

Dann müssen die großen Masken gut am Kopf festgebunden werden, sodass der Tänzer zwischen den gefletschten Zähnen hindurchschauen kann. Sie bestehen aus einem leichten, Pappmaché-ähnlichen Material, lackiert und mit Bändern geschmückt.

An dem denkwürdigen Tag, an dem ich zum ersten Mal einen Klostertanz erleben durfte, rannte ich zunächst voller Neugier mit meinem Fotoapparat herum, ganz berauscht von der fantastischen Szenerie. Doch schließlich setzte ich mich zu ein paar neuen Freun-

Die Brokatgewänder der Tänzer gehören zum kostbarsten Besitz eines Klosters

Die ausgepolsterten Masken müssen gut festgebunden werden

den am Rand des runden Tanzplatzes. Mit Kreide war er vorgezeichnet worden, um den Tänzern die Choreografie zu erleichtern.

Um uns herum hatten sich tibetische Gäste in der schon recht kräftigen Februarsonne niedergelassen und ihre Provianttaschen ausgepackt. Ein Klostertanz erfüllt traditionell auch einen wichtigen Zweck als soziales Ereignis. Es versprach ein erhebendes Picknick zu werden.

Solch eine Tanzaufführung kann mit Unterbrechungen den ganzen

ermasken erinnern an die schamanische Urreligion Tibets

Maskentänzer von Nahem

Tag lang dauern. Eine Gruppe nach der anderen tanzt bestimmte Themen, wie die Überwindung des Egos durch dynamische Weisheitsenergien oder auch Begebenheiten aus der legendären tibetischen Geschichte. Eine Tanzgruppe trug Tierköpfe, die bestimmte, in Weisheit transformierte Eigenschaften symbolisieren. Hier konnte ich besonders deutlich das ikonografische Erbe der animistischen und schamanischen Urreligion Tibets erkennen. Als dann gar die Schwarzhutmagier, ebenfalls aus der alten Religion in den Buddhis-

mus aufgenommen, im magischen Tanz um den Platz kreisten, spielte sogar das Wetter mit: Ein stürmischer Wirbelwind kam plötzlich auf und wirbelte ungestüm über den Platz, fuhr unter die Brokatröcke der Magier und zerrte an ihren Hüten und weißen Schleiern. Doch in weiser Voraussicht war alles gut befestigt, denn es ist bekannt, dass sich die Wettergeister besonders gern in die Tänze der Schwarzhutmagier einmischen. Kaum war der Tanz zu Ende, verzog sich das meteorologisch unerklärliche Gewirbel wieder wie ein Spuk.
Wenn die zornvollen Gottheiten tanzen, wunderschön mit ihren wilden Masken, in herrliche, glänzende Brokate gekleidet und ihre symbolischen Gegenstände schwingend, dann, so heißt es, regt dies in allen Betrachtern die entsprechenden inneren Weisheitsenergien an. Den gesunden Ausgleich zu diesen wuchtigen Auftritten boten die Spaßmacher, die plötzlich zwischen den Maskentänzern herum-

Schwarzhutmagier wirbeln im magischen Tanz

Maske mit Vogelko

sprangen, deren Tanzschritte in komischer Verzerrung nachahmten und mit den Zuschauern ihre Späße trieben. Figuren mit Totenköpfen tanzten wild herum, und schließlich erschienen gar gekonnt tollpatschige Schneelöwenfiguren und purzelten den »zornvollen Gottheiten« vor die Füße.

Spaßmacher lockern den Ernst der Tänze auf

Selbst der Totentanz ist vergnüglich

Neben den Maskentänzen gibt es noch weitere Klostertänze ohne Masken und Verkleidungen, die den Tänzern nicht nur nahezu akrobatische Fähigkeiten und viel Disziplin abverlangen, sondern noch anderes, subtileres Können abfordern. Es ist Bewegung im Raum, die verlangt, dass man den gesamten Tanzplatz mit weit offenem Geist wahrnimmt. Die Tänzer bewegen sich innerhalb eines großen Kreises in weitläufigen, aber exakten Figuren, wie Spiralen und komplizierten Schleifen, mit zusätzlichen Bewegungen wie Beugen und sich wieder Erheben, sodass man an einen Windstoß erinnert wird, der über Grashalme streicht.

Das Tanzen ist eine meditative Übung, ebenso wie das Musizieren und Rezitieren. Achtsamkeit, geistige Ruhe und ein klares Gefühl

nicht nur für den physischen, sondern auch für den psychischen Raum sind wesentliche Elemente der Geisteshaltung während des Tanzes.
Mittags wurden all die vielen Zuschauer, die den Klosterhof und die flachen Dächer des Klosters füllten, ob Tibeter, Nepali oder Touris-

akrale Mönchstänze gibt es auch ohne Masken

Manche Tanzsequenzen verlangen viel Kondition

ten, auf Papptellern mit dem nepalesischen Nationalgericht Dal Bhat (Reis mit Linsen und Gemüse) bewirtet. Es ist üblich, dass bei großen Klosterfesten, vor allem an den Neujahrstagen, jeder Besucher zum Essen eingeladen wird, eine Großzügigkeit, die zahlreichen Spendern zu verdanken ist. Das Geben, erklärte mir der Rinpoche, dient ja nicht nur den Empfängern; wer gibt, hat einen großen Gewinn davon, denn Großzügigkeit nährt die geistige Gesundheit.

Sand-Mandala

Wenn ich früher Sand-Mandalas auf Abbildungen sah, habe ich mich immer gefragt, wie man diese feinen Linien mit farbigem Sand streuen kann. Und was man später wohl damit machte; nirgendwo sah ich

in einem Kloster ein Sand-Mandala herumstehen. Ich hätte gern das Geheimnis dieser seltsamen Kunst gelüftet.
Eines Tages nahm mich Tenzin, einer der jungen Assistenten des Rinpoche, dem ich von meinem heimlichen Wunsch erzählt hatte, mit in ein benachbartes Kloster. Dort würde ein Wang, eine Einweihungszeremonie der weißen Tara vorbereitet, und diese Vorbereitung bestand vor allem aus der Herstellung eines Sand-Mandalas. Ich solle viel Zeit mitnehmen, sagte er, denn das würde lange dauern.
Als ich im Lhakang des Klosters ankam, knieten schon einige Mönche auf dem Boden vor einem großen Brett und zeichneten mit Bleistift, Lineal, Winkel und Zirkel die komplizierten Umrisse des Mandalas. Keine Vorlage weit und breit. »Die brauchen sie nicht«, sagte Tenzin, »sie haben alles im Kopf.« Die Bedeutung der jeweiligen Formen, Farben und Details zu lernen, gehört zum Lehrplan der Jugendlichen. Als dies beendet war, wurden Schälchen mit gefärbtem Sand

Sand-Mandala

Die Formen werden vorgezeichnet

Das Herz des Mandalas – Tenga Rinpoche setzt die Keimsilbe der Arya Tara ein

Das Sand-Mandala wird für die Einweihungszeremonie ausgestattet

aufgereiht. Dann begannen sie von der Mitte aus die Grundformen auszufüllen. Bei den größeren Flächen kann man den Sand einfach zwischen Daumen und Zeigefinger rieseln lassen, aber für die feinen Linien wird ein konisches Röhrchen mit dünner Öffnung verwendet. Mit außerordentlicher Sammlung und Präzision streuten die jungen Mönche das Mandala. Was ist, wenn einer niest oder hustet, dachte ich, musste lachen und hielt mir schnell die Hand vor Mund und Nase. Die Vorstellung, dass uns all die wunderschönen, zarten Formen um die Ohren fliegen würden, war sehr komisch und nicht sehr freundlich. So viel Mühe umsonst! Noch wusste ich nicht, dass dieses Kunstwerk am nächsten Tag nach dem Ritual, für das es geschaffen wurde, wieder zerstört werden würde.

Es ging nicht darum, etwas Bleibendes zu schaffen. Dennoch wurden so viel Aufmerksamkeit und Genauigkeit aufgebracht, um es so vollkommen wie möglich zu gestalten. Die Lehre daraus war deutlich genug: Was auch immer man tut, es sollte mit genau dieser Geisteshaltung getan werden. Am nächsten Tag im Einweihungsritual wurde Arya Tara, die universale Weisheitsenergie der Gottheit, wachgerufen. Das Sand-Mandala war inzwischen vor dem großen Schrein aufgebaut und mit einer Glasplatte und symbolischen Gegenständen bedeckt worden. Nach der Zeremonie fegte der Rinpoche das kostbare Werk zu einem Häufchen zusammen. Die bunten Farben vermischten sich zu einem einheitlichen Grau.

Vergänglichkeit, dachte ich. Die Lektion war deutlich. Sie haben sich so sehr angestrengt, viele Stunden lang. Und das Mandala war so schön. Und dann: ein graues Häufchen Sand.

Am Ende wird das Mandala zusammengekehrt

Im grauen Sand ist die heilende Energie des Mandalas verborgen

Das gesamte Mönchsorchester wird auf dem Lastwagen zum Fluss transportiert

Es war die Ehrfurcht vor dem gelebten Augenblick, die hier zum Ausdruck kam. Nicht nur dieses vergängliche Mandala war heilig, sondern die grundlegende, unzerstörbare Ordnung des Seins, aller Manifestationen, ist heilig. Verwirrung, Krankheit, Zerstörung sind sekundär. Die »Richtigkeit«, die das Mandala ausdrückt, ist primär. Vom buddhistischen Standpunkt aus ist die Trennung von heilig und profan ungesund und willkürlich. Sie existiert nur im Geist des Betrachters. »Heilig« ist der blaue Himmel, profan ist die Wolke, die sich bildet und wieder auflöst.

Das graue Sandhäufchen, das die gesamte subtile Energie des Mandalas und seiner Gottheit in sich trug, wurde in eine Vase gefüllt. Nach der Puja kletterte nun zum lauten Vergnügen der Klosterkinder das gesamte Mönchsorchester buchstäblich mit Pauken und Trompeten auf die Laderampe eines Lastwagens und die ganze würdige Gesell-

as Orchester begleitet die Übergabe des heilenden Sands an den Fluss

schaft wurde an den Stadtrand zum Ufer des heillos verunreinigten Bagmati-Flusses verfrachtet; der Rinpoche folgte in einer betagten Limousine.

In Reih und Glied und begleitet von sakraler Musik begab sich die ehrwürdige Prozession von der Straße an die Stätte eines alten Newar-Heiligtums und zelebrierte die Übergabe des Mandalas an das schwarze Wasser des Flusses, um heilende Energie zu verbreiten.

Das Ritual des Sand-Mandalas ist ein sakrales Kunstwerk mit vielen Aspekten und bringt die Eigenart des tibetischen Buddhismus in einer kunstvollen Weise zum Ausdruck. Natürliche Freude am Leben, Kreativität, die Versöhnung mit der Vergänglichkeit, die Anerkennung des Verbundenseins mit der Natur, mit allem, was ist, und die damit einhergehende Verantwortung – das alles und vieles mehr ist in diesem komplexen Ritual enthalten.

Der junge Arzt Lobsang, 8. Shelkar Amchi, bei der Pulsdiagnose

Berufsziel Arzt

»Ich möchte ein Amchi (Arzt) werden wie einer meiner Onkel«, sagte der junge Jinpa. »Ich mag den Medizin-Unterricht. Ich weiß auch schon, wie man die Pulse fühlt.« Und mit schnellem Griff packte er mein Handgelenk mit beiden Händen. Er beherrschte bereits die Kunst, professionell zu wirken.

Meine ersten Erfahrungen mit tibetischer Medizin hatte ich vor langer Zeit im indischen Dharamsala, dem Sitz des Dalai Lama, gemacht. Beunruhigende dicke Pusteln auf meiner Haut und ein sehr mulmiges Gefühl führten mich zu einem Arzt in Mönchsrobe, der nach einem Blick darauf in schallendes Gelächter ausbrach. »Die Wanzen lieben dich«, sagte er. Offenbar hatte ich eine leichte allergische Reaktion auf die nächtlichen Attacken meiner ungebetenen Bettgenossen. Das Kämmerchen mit einem groben hölzernen Bettge-

Der alte 7. Shelkar Amchi wendet tibetische Akupunktur an

stell und einer Andeutung von Matratze darauf, das meine spärlichen Mittel erlaubten, lief eher unter Minus-Stern. Immerhin, den Wanzen bot es auch Platz. Der Amchi, ein ausgesprochen schöner junger Mann, in den ich mich unter anders gearteten Umständen mit Begeisterung verliebt hätte, gab mir für einen lächerlich geringen Preis ein Tütchen voll schwarzer Kügelchen, die wie Schafskot aussahen, und erklärte, damit würden mich die Wanzen nicht mehr mögen. Und er lachte mir vergnügt hinterher. So war es dann auch – kein Wunder, denn die Kügelchen waren grauenhaft bitter.

Zur allgemeinen Ausbildung im Kloster gehört auch ein Grundlehrgang in traditioneller tibetischer Heilkunde, denn die Trennung von Körper und Geist, so lehren die »Medizin-Tantras«, ist willkürlich. Beide Aspekte sind in ständigem Austausch begriffen (wie heutzutage die Neurowissenschaft beweisen kann) und wer den Geist studiert, kann den Körper nicht weglassen, und umgekehrt.

Die Ausbildung zum tibetischen Arzt verlangt ein umfangreiches Spezialstudium, das der Student nicht in seinem eigenen Kloster absolvieren kann. Im Exil entstehen nach und nach einige medizinische Ausbildungsstätten nach dem Vorbild traditioneller tibetischer Hochschulen. Die medizinische Grundausbildung, die sich an die höhere Schulbildung anschließt, dauert fünf Jahre. Dem folgen mindestens zwei weitere Jahre der praktischen Ausübung des Arztberufs unter der Supervision des Lehrers. Schon während des Studiums lernen die jungen Mönche (und heute gelegentlich auch Nonnen) die praktische Seite kennen, denn zu jeder medizinischen Hochschule gehört auch eine ärztliche Praxis.

Traditionelle tibetische Medizin

Viele Einflüsse kamen zusammen, um das eigenständige tibetische Heilsystem zu gestalten. Die Struktur ist dem indischen Ayurveda entlehnt, man findet jedoch auch Spuren der chinesischen Medizin sowie der persischen und nicht zuletzt auch der vorbuddhistischen schamanischen Kultur Tibets. Derart angereichert, entwickelte sich die tibetische Heilkunst auf dem spirituellen Nährboden des Buddhismus konsequent weiter. Der Urtext der tibetischen Medizin, das Gyüshi oder »Buch der vier Tantras«, umfasst drei ineinandergreifende Kategorien: die geistige, die tantrische und die somatische Medizin. Die erste umfasst das meditative Training und die ethische Orientierung, die zweite befasst sich mit Methoden der subtilen Energiearbeit im inneren Energiesystem und die dritte bezieht sich auf die Diagnostik (Pulsdiagnose, Urindiagnose, astrologische Diagnose) und die äußere Behandlung, wie Arzneien (aus Kräutern, Mineralien und manchmal auch tierischen Substanzen), Diäten, Massagen mit Heilölen, zudem auch eine spezielle Art der Akupunktur und Schröpfen.

Ein wichtiger Teil der Ausbildung ist dem Sammeln von Heilpflanzen und dem Zubereiten der Medikamente gewidmet. Jinpa erzählte begeistert von Ausflügen in die Berge mit seinem Onkel und dessen Schülern. Manche Pflanzen, erzählte er, könne man nur in den wilden Höhen des Himalaya finden; dazu bedürfe es einer regelrechten Expedition mit richtig guter Ausrüstung. »Nicht mit Plastikschlappen wie die Kulis«, sagte Jinpa hoheitsvoll. Oho, mein Junge, dachte ich, hast du dir bereits ein Stück von der berüchtigten traditionellen Arroganz der Mönche zugelegt?
»Nun ja, Jinpa-la«, sagte ich, »du würdest deinen Trägern sicher nicht zumuten, ohne gute Ausrüstung in die Berge zu gehen.«
Für solche Gespräche brauchte ich natürlich immer Übersetzer. Der junge Mönch, der sich dafür angeboten hatte, grinste. Jinpa sah sich ertappt und stotterte, dass er das natürlich nicht tun würde.

Das Zubereiten der Heilmittel wird mit Mantras begleitet

Nach Möglichkeit verwendet ein tibetischer Arzt Heilpflanzen, die er selbst gesucht hat. Darüber wusste Jinpa bereits einiges zu sagen. Dass zum Beispiel der Standort der Pflanze sehr wichtig ist. Soll etwa eine fiebrige Krankheit geheilt werden, muss die Pflanze von einem Nordhang stammen. Auch der Boden muss genau untersucht werden, denn es ist von Bedeutung, welche spezielle Zusammensetzung er hat, ob dort Insekten leben usw. Das Kraut, die Blüten oder die Wurzeln müssen beim richtigen Mondstand geerntet werden, damit sie das Höchstmaß an heilender Energie enthalten, und auch unter Anwendung entsprechender Rituale, um den Geist (die subtile Energie) der Pflanze nicht zu stören. Das alles sind über viele Jahrhunderte gesammelte Erfahrungswerte und die Rituale reichen in die schamanische Vergangenheit Tibets zurück. Es lag ein großer Vorteil darin, dass im geografisch geschützten Tibet tausend Jahre lang Frieden herrschte und ungebrochen alle Kraft in die Entwicklung einer Heilkultur auf geistiger und körperlicher Ebene investiert wurde.

Die gesammelten Pflanzenteile werden getrocknet und schließlich im passenden Verhältnis mit pulverisierten Halbedelsteinen wie Türkis oder Lapislazuli, in manchen Fällen auch mit Silber- oder Goldstaub vermischt. Die Inhaltsstoffe der tibetischen Medikamente werden heute in westlichen Laboratorien untersucht, aber nicht immer werden die Forscher fündig. Trogawa Rinpoche, ein auch im Westen bekannter alter tibetischer Arzt, erzählte mir einmal heiter: »Ein französisches Institut untersuchte tibetische Medikamente und konnte überhaupt keine sinnvollen Wirkstoffe finden; aber das waren Medikamente mit großer Heilwirkung und keinesfalls Placebos.«

Es ist nicht nur allein die Kombination der verwendeten Pflanzen und Mineralien, die heilt. Tibetische Medikamente sind das Produkt einer ganzheitlichen Medizin, deren Wirkungsfeld nicht nur die ma-

Chökyi Nyima Rinpoche gibt einem kranken Baby seinen heilenden Seg

terielle Ebene ist, sondern auch der »Energiekörper« mit seinen energetischen Kreisläufen. Damit Medikamente auf dieser Ebene wirken, werden sie mit Mantras »geladen« – nach demselben Prinzip, wie Wasser durch eine geistige Behandlung gereinigt und veredelt werden kann und dies durch die Bildung schöner Kristalle sichtbar macht.

Der Rinpoche als Heiler

Wenn ein Tibeter krank wird, geht er im Allgemeinen erst einmal zu einem Rinpoche, dem er vertraut bzw. der bekannt dafür ist, über besondere heilende Kräfte zu verfügen. Der Rinpoche wirkt harmonisierend auf die subtilen inneren Energien des Kranken ein, und falls die Krankheit ernsterer Art ist, schafft er so zumindest eine günstigere Voraussetzung für die äußere Behandlung durch den Amchi.
Wie wirkungsvoll der Einfluss des Rinpoche sogar im psychiatrischen Bereich sein kann, erlebte ich, als eine Familie zu Chökyi Nyima Rin-

poche kam und den kranken Familienvater zum Segnen brachte (das tibetische Wort für Segen kann man als »überwältigende Energie« übersetzen). Der Mann war, wie der Rinpoche erklärte, seit einigen Monaten von einem lokalen Geistwesen besessen. Zu Beginn sei er gewalttätig gewesen, da musste der Geist häufig beruhigt werden, doch nun trete der Besessenheitszustand nur noch selten und in gemilderter Form auf.

Der Besessene wurde ins Empfangszimmer des Rinpoche geführt, in dem einige westliche Schüler und ich auf dem Teppich vor ihm saßen. Der Mann stand offenbar unter ungeheuerer Spannung; er bewegte sich mit abgehackten, aber dennoch ästhetischen, fast tänzerisch wirkenden Bewegungen vorwärts, verdrehte Arme und Hände in wunderlichen Mudras (symbolischen Gesten) und mit seinen gefletschten Zähnen, hervortretenden Muskeln und Augen, die nur das Weiße zeigten, sah er aus wie eine der schauerlichen Masken, mit denen die Mönche ihre Klostertänze aufführen. Ein einigermaßen beunruhigender Anblick, der uns Abendländern einen ordentlichen Schrecken einjagte.

Der Rinpoche nickte lediglich bei diesem Anblick, unterbrach sein Gespräch mit uns, griff nach dem Handgelenk des widerstrebenden Mannes und zog ihn, ohne sich von seinen Sitzpolstern zu erheben, zu sich heran. Er bewegte ein in Brokat gewickeltes Instrument über Kopf, Schultern und Brust des Besessenen, blies seinen Atem über ihn und murmelte Mantras. Augenblicklich wurde der Mann ruhiger und lehnte sich schwer atmend an eine der geschnitzten Säulen des Raums. Der Rinpoche wandte sich gelassen wieder unserem Gespräch zu. Das umwickelte Instrument, so erfuhr ich, war ein Phurba, ein sehr altes dreischneidiges Ritualmesser, das die Bedeutung des Durchschneidens negativer Energien hat. Die Form ist rein symbo-

lisch, denn die »Schneiden« sind nur angedeutet und völlig stumpf. Nach einer Weile wurde der Dämon erneut munter und der Mann begann wieder mit seinen wilden und doch so erstaunlich anmutigen Verrenkungen. Wie zuvor zog der Rinpoche ihn zu sich heran und wiederholte die Prozedur; diesmal ließ er das Handgelenk des Kranken erst nach ein paar Minuten wieder los. Und wieder gab der Geist eine Weile Ruhe. So ging es etwa eine halbe Stunde lang weiter. Der Rinpoche unterbrach kaum sein Gespräch mit uns, als sei die Anwesenheit eines Besessenen etwas völlig Normales. Die Ruhe, ja beinahe Beiläufigkeit, mit der er den im wahrsten Sinn des Wortes geist(es)gestörten Mann behandelte, war zutiefst beeindruckend. So dramatisch der Auftritt des Besessenen zunächst war, verlor er doch im zähmenden Bannkreis des Rinpoche allen spektakulären Nimbus.
Ich fragte den Rinpoche, wie wir westlichen Menschen dieses Phänomen verstehen sollten, denn bei uns treten ja solche Fälle der Besessenheit von lokalen Geistern nicht auf. Chökyi Nyima Rinpoche antwortete: »In einer Kultur, in der man nicht an lokale Geister glaubt, wird auch niemand von lokalen Geistern besessen. Da nimmt die geistige Krankheit, auch wenn sie mit lokalen Energien verbunden sein mag, andere Formen an. Es ist eine Frage der kulturellen Anschauungen. Die Art der Behandlung richtet sich nach den Glaubensvorstellungen des Patienten. Man muss ihn also auf der Ebene behandeln, auf der sein Erleben stattfindet.«
Krankheiten können nach tibetischer (und auch nepalesischer) Anschauung von Nagas verursacht werden, den legendären Wassergeistern. Lekshe, einer der jugendlichen Mönche, dessen Familie sich in Kathmandu niedergelassen hatte, erzählte von der seltsamen Krankheit und Heilung seines Vaters. »Mein Vater wollte unseren Gemüsegarten vergrößern und dabei musste er ein paar große Steine

beseitigen. Noch am selben Tag wurde er sehr krank. Er konnte keine Nahrung bei sich behalten und hatte schreckliche Kopfschmerzen. Die Frau aus Australien, die im Haus unserer Nachbarin zur Untermiete wohnt, brachte meinen Vater in die kanadische Klinik, aber die Untersuchungen dort waren erfolglos. Man konnte nichts finden. Dann holte meine Mutter den tibetischen Amchi. Der gab meinem Vater Pillen, sagte jedoch, die würden wahrscheinlich erst helfen, wenn die Sache mit den Nagas in Ordnung gebracht worden sei. Er war sich nämlich ziemlich sicher, dass es eine von Nagas verursachte Krankheit war. Er fragte, ob mein Vater im Garten etwas verändert habe. Da fielen meinem Vater die großen Steine ein und der Amchi sagte, es wäre gut, sie auf alle Fälle wieder an ihren alten Platz zurückzubringen. Also brachte meine Familie die Steine wieder dahin, wo sie vorher gelegen hatten, und wir zelebrierten dann noch eine Puja für die Nagas. Und genau seit diesem Zeitpunkt ging es meinem Vater wieder gut. Er pflanzte das Gemüse um die Steine herum, und er hatte diese seltsame Krankheit nie wieder.«

Der Schamane

Ärzte ganz besonderer Art sind die »Healing Lamas«, echte Schamanen, die mit teilweise sehr dramatischen Ritualen heilen und oft auch als Orakel dienen. Der Buddhismus in seiner tibetischen Ausprägung ist die einzige Weltreligion, die den Schamanismus integriert hat. Damit wurde das Schamanentum in ein hoch entwickeltes ethisches und spirituelles System eingebettet. Der 14. Dalai Lama erklärte sogar eine in Tibet tradierte Richtung der alten Bön-Religion, die sich mit buddhistischen Aspekten verbunden hat, offiziell zum »Bön-Buddhismus« und fügte diesen den bekannten vier Traditionslinien des tibetischen Buddhismus als fünfte hinzu.

Jinpa machte mich mit seinem klösterlichen Freund Techok bekannt, dessen Onkel (wobei Onkel so viel wie irgendein Verwandter bedeutet) ein berühmter »Healing Lama« war. Eine tibetische Familie hatte den Schamanen eingeladen, um die Dame des Hauses von einem Gallenstein zu befreien. Man hatte eine Röntgenaufnahme ihrer Galle gemacht, die einen prallen Gallenstein zeigte. Doch die Operation war teuer, der Schamane hingegen nicht. Also versuchte sie es lieber erst einmal auf die tibetische Weise. So bot sich mir die seltene Gelegenheit, einen tibetischen Schamanen in Aktion zu erleben.

Er war alles andere als eine imponierende Erscheinung. Da saß ein ziegenbärtiges kleines Männchen unbestimmbaren Alters in abgetragenen Trainingshosen und losem Baumwollhemd auf dem Sofa im Wohnzimmer der Familie. Vor ihm stand ein randvolles Glas neben einer Flasche mit nepalesischem Wodka und sein Blick war gebannt auf den Fernsehapparat gerichtet. Meiner Kamera schenkte er ein strahlendes Lächeln, das ein paar einsame Zähne enthüllte.

Dort blieb der Schamane den ganzen Nachmittag lang sitzen und schaute alles an, was lief: eine nepalesische Nachrichtensendung, ein Feature in englischer Sprache von CNN, eine Popsendung auf STAR-TV und schließlich einen der beliebten Affengott-Filme aus Hongkong in tibetischer Synchronisation aus dem Video-Laden um die Ecke. Dabei trank er ein Glas Wodka nach dem anderen und wurde immer entspannter, sofern das möglich war.

Gegen Abend begann die Heilzeremonie. In einem kleinen Zimmer wurden Butterlämpchen und Räucherstäbchen auf einem Schrein entzündet. Der Schamane, unbeeinträchtigt vom Wodka, ließ sich auf dem kastenförmigen Bettsofa nieder und begann mit einem langen Sprechgesang, begleitet von einer Handtrommel und einer Glocke. Gelegentlich klingelte das Telefon, Familienmitglieder kamen und

gingen, und die junge Tochter des Heilers, seine Assistentin, nickte in ihrer Ecke ein bisschen ein. Es dauerte lange.
Endlich kam der nächste Akt. Der kleine Schamane ergriff sein Bündel und nahm diverse Gegenstände heraus: ein beunruhigend langes Messer, Glocke, Handtrommel, Phurba, eine blank polierte Scheibe und ein gerades, in sich gedrehtes Horn, das ich am ehesten einem

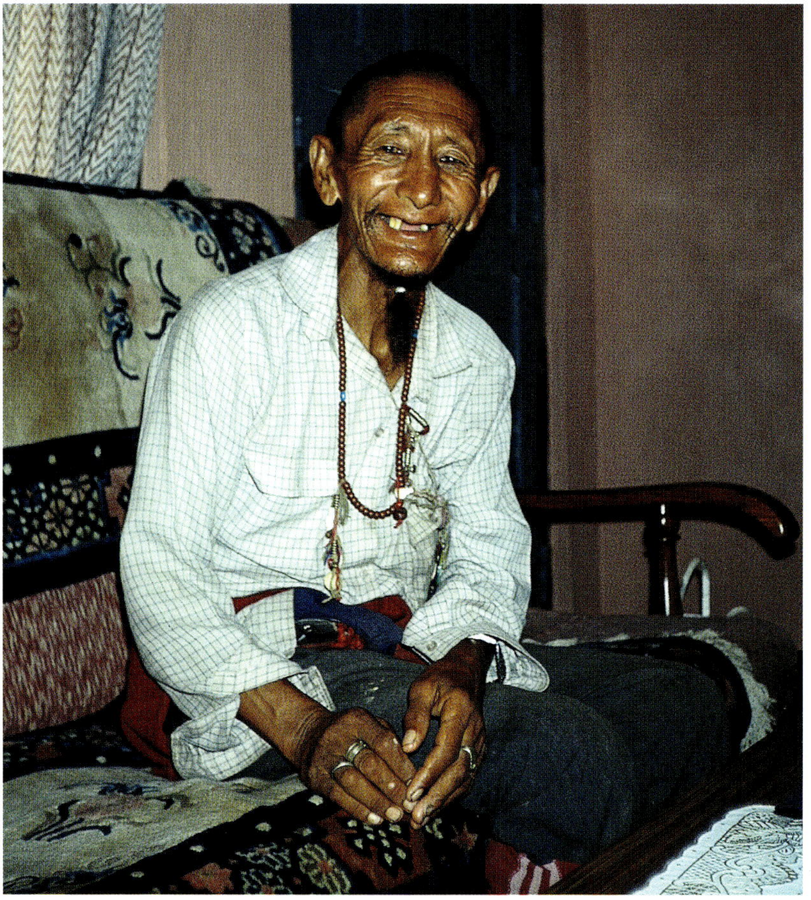

Der »Healing Lama« ist gekommen, um einen Gallenstein zu entfernen

Einhorn zugeordnet hätte; doch das gibt es nicht einmal in Tibet. Lage um Lage legte er nun die Ritualgewänder an, ein weißes Gewand als Unterlage über der Alltagskleidung, dann eine Art Schürze aus altem, wertvollem Brokat, dazu einen breiten Brokatkragen, dann ein Tuch um den Kopf und darauf einen Kopfschmuck mit gefächerten Seitenteilen, der eine bestechende Ähnlichkeit mit dem Kopfschmuck von Hollywood-Indianerhäuptlingen hatte.

Wieder begann ein langer Sprechgesang, wieder dröhnte die Trommel, der durchdringende Klang der Glocke ging durch Mark und Bein. Der Schamane sang nun und es schien, als sei da noch eine zweite Stimme – nicht etwa ein Oberton, sondern eine zweite Stimme aus der Ferne. Dann wurde die Situation plötzlich sehr aufregend. Gesang, Trommel und Glocke erhoben sich zu einem gewaltigen Crescendo, die kleine Gestalt des Schamanen wurde hochgeschleudert, seine Gesichtszüge verwandelten sich – und nun hatte ich ganz offensichtlich jemand anderen vor mir, jemanden, der mir wesentlich größer erschien und sehr machtvoll. Die angerufene Gottheit war in den kleinen Heiler gefahren. Das Zimmer war von einer so ehrfurchtgebietenden Energie geladen, dass ich nicht wagte, weiter zu fotografieren.

Die tibetische Patientin kniete vor dem Sofa nieder und öffnete ihr Kleid im Bereich der Galle. Der Schamane vollführte zeremonielle Gesten, zog plötzlich sein riesiges Messer hervor und ließ es zu meinem Entsetzen auf die Frau niedersausen, bis es fast ihre Haut berührte. Dann führte er das gedrehte Horn zum Mund. Wollte er den Stein durch Haut und Gewebe hindurch aus der Galle saugen?

Die Tochter des Schamanen mit dem hübschen, stillen Gesicht und den außerordentlich schmutzigen nackten Füßen hielt einen vorbereiteten Teller hin, und aus dem Horn fiel etwas heraus – der Gallen-

Der Schamane ruft die heilende Gottheit an

stein. So er es denn war. Ich konnte nicht anders, ich blieb skeptisch. Während die Patientin ihr Kleid schloss, nahm der Schamane seinen Gesang wieder auf. Beiläufig löste er dann den Knoten, der seinen Kopfschmuck am Hinterkopf zusammenhielt. »Look, look!«, rief Techok. Der Kopfschmuck, seines Halts beraubt, blieb allen physikalischen Gesetzen zum Trotz an Ort und Stelle. Der Schamane trommelte, schwang die Glocke, sang und warf dabei heftig den Kopf hin und her, aber der Kopfschmuck fiel nicht herunter. Plötzlich hielt er inne, ließ die Hände mit Trommel und Glocke sinken, und siehe da: Der Kopfschmuck fiel, wie von unsichtbarer Hand gelöst, herunter. Diese Gottheit, dachte ich, hat Humor.

Der Abschluss der langen Zeremonie bestand aus erneuten Rezitationen. Kein Tröpfchen Schweiß war auf dem nun wieder vertrauten Gesicht des kleinen Schamanen zu sehen, obwohl die feuchte Monsunhitze in dem kleinen Zimmer alle anderen triefend zum Schwitzen

Die heilende Gottheit ist in den Schamanen gefahren

gebracht hatte. Nun war er wieder ganz der Alte, zog seine Ritualkleider aus, packte alles säuberlich zusammen, grinste zahnlückig in die Runde und marschierte zurück ins Wohnzimmer, um sich mit einem Videofilm und einer Flasche Bier noch eine Entspannungsrunde zu gönnen.

Die Patientin ging vorsichtshalber am nächsten Tag noch einmal zum Röntgen. Der Beweis war schlagend: Kein Gallenstein war mehr zu sehen.

Das Nonnenkloster

Zu den Klöstern des großen alten Meisters Tulku Urgyen Rinpoche gehört auch Nagi Gompa, das Retreatkloster für Nonnen. Es liegt in einer Höhe von etwas mehr als 2000 Metern am Südhang des Berges Shivapuri am Rand des Kathmandutals, zu erreichen nur über eine unbefestigte Straße, die diesen Namen kaum verdient, da sie eher einem trockenen Flussbett gleicht, so ausgewaschen ist sie

Der Berg Shivapuri mit dem Nonnenkloster, von der Stupa aus gesehen

vom heftigen Monsunregen. Bis vor Kurzem lebten die Nonnen verstreut an einem Hang in kleineren und größeren Häuschen unter primitiven Umständen, mit Gemüse- und Blumengärtchen davor – eine dorfähnliche Anlage, die im Lauf der Jahrzehnte nach Bedarf in unbekümmertem Wildwuchs entstanden ist, um den inzwischen etwa hundert Nonnen Platz zu bieten.

Das Kloster ist gekrönt vom Lhakang, in dessen oberstem Stockwerk sich das Retreat-Kämmerchen eines der größten tibetischen Meister seiner Generation befand. Dort verbrachte er den größten Teil seiner Zeit und dort beendete er auch seine materielle Existenz.

ie alte Klosteranlage

Ein neues Wohn- und Studiengebäude entsteht

Tulku Urgyen Rinpoche wurde 1920 in Osttibet geboren und starb 1996. Er war spiritueller Freund und Lehrer des 16. Karmapa und einer der letzten großen Meister, die noch in Tibet aufgewachsen waren. Kurz vor der Annektion Tibets durch die Rotchinesen gab der 16. Karmapa seinem außergewöhnlichen Freund den Auftrag: »Geh nach Nepal und festige dort den Dharma. Wenn du in diesem Land bleibst, wird dies für die buddhistischen Lehren wie auch für die fühlenden Wesen von großem Nutzen sein.« Also verließ Tulku Urgyen

Tulku Urgyen Rinpoche, 1920–1996

Rinpoche sein Kloster in Osttibet und begann mit seiner Aufgabe, indem er dem Grüppchen Nonnen auf dem Berg Shivapuri feste Behausungen baute.

Der alte Meister Tulku Urgyen Rinpoche erzählte: »Dieses Land, auf dem früher ein paar Retreat-Häuschen standen, hat der König von Nepal in den Sechzigerjahren dem Karmapa geschenkt. Unter der Leitung eines Lamas lebten hier fünfundzwanzig Nonnen und zehn Mönche in Lehmhäuschen, die in jedem Monsun davonschwammen. Die Nonnen und Mönche sagten: ›Ach, das ist nichts Besonderes, das passiert jeden Sommer.‹ Der Lehm weichte auf, es regnete durch die festgestampften Dächer und die Bewohner versuchten, sich mit Plastiktüten zu schützen. Ich baute einen kleinen Lhakang und ein paar Steinhäuser. Ein bisschen Weizen konnte angebaut werden. Für die Mönche fanden wir weiter unten am Berg einen anderen Platz.

Der Lama hatte seine Nonnen gut ausgebildet. Alle konnten lesen und schreiben, was hier im Kathmandutal eine Seltenheit war. Die Zahl der Nonnen wuchs schnell, obwohl das Leben im Kloster sehr hart war. Nach der in Nepal herrschenden Hindu-Tradition war es nicht üblich, dass die Familien ihre Kinder unterstützten, wenn sie ins Kloster gingen. Sie mussten betteln gehen und lebten von Reis, winzigen Mengen Gemüse und Tee, den sie aus den Blättern eines bestimmten Busches bereiteten. Sie waren wirklich unerträglich arm. Doch sie befassten sich nie mit Geschäften, anders als viele andere Klöster, die irgendwelches Kunsthandwerk oder Ähnliches betreiben. Doch das ist nicht der Sinn eines Klosters.«
Dies galt natürlich für alle seine Klöster, auch das Mönchskloster unten in Kathmandu.

Vor allem die älteren Nonnen lieben ihre Blumen

In der Puja-Pause

Zuflucht im Kloster

»Sonst hätte ich heiraten müssen«, antwortete die siebzehnjährige Yeshe auf meine Frage, warum sie Nonne geworden sei. Heiraten hieß, verheiratet zu werden mit irgendeinem Mann, den die Familie geeignet fand. Es hieß, mehr oder minder Besitz eines Mannes zu sein, so wie ein unverheiratetes Mädchen Besitz des Vaters ist. Das ist uralter patriarchaler Brauch, wenn auch die urbanen hinduistischen und tibetischen Frauen in Nepal sich manche moderne Freiheiten herausnehmen. Aber nach wie vor ist die Stellung der Frau – wie in ganz Asien – allgemein eine unterlegene und meistens auch abhängige und die freie Wahl der Lebensform wie im Westen ist nur innerhalb der kleinen reichen Elite möglich.
Dieselbe Frage stellte ich der zwanzigjährigen Tashi.

»Ich kam mit dreizehn Jahren hierher«, sagte sie. »Ich wusste, dass das richtig für mich war. Ich bin glücklich als Nonne, der Dharma macht mich glücklich.«

Chönyi, einundzwanzig, erklärte: »In unserem Dorf wollte ich nicht bleiben. Ich bat meine Eltern so lange darum, ins Kloster zu dürfen, bis sie mich gehen ließen. Das war vor sieben Jahren. Und der Rinpoche nahm mich auf, er sagte, ich sei geeignet fürs Klosterleben. Mein Onkel und mein ältester Bruder sind unten in der Stadt im Mönchskloster. Es ist schön, Familie in der Nähe zu haben. Und ich bete und meditiere gern.«

Die sechzehnjährige Pema hat vor zwei Jahren ihre kleine Schwester Dölma, gerade mal neun Jahre alt, mitgebracht, für die sie nach dem Tod der Eltern jahrelang die Mutterstelle vertreten musste.

»Ich wusste nicht, wohin ich sonst gehen sollte«, sagte sie. »Es ist ein schönes Leben hier oben und man kann ungestört den Dharma praktizieren. Das hätte ich ja nicht tun können, wenn meine Verwandten mich verheiratet hätten.«

Manchmal sind es tragische Familiengeschichten, die den Weg ins Kloster bereitet haben, wie die jener jungen Nonne, deren Eltern in einer Region an der Grenze zu Tibet von Räubern erschlagen wurden und die danach nur noch den einen Gedanken hatte: ihr Glück im Kloster zu suchen.

In vielen Fällen haben sie das Leben »in der Welt« als wenig anziehend und verführerisch erlebt. Es hat ihrer Erfahrung nach allzu viel mit Sorgen und Schmerzen und endloser Arbeit zu tun. Doch auch wenn es nicht der explizite Wunsch nach dem Nonnenleben war, der sie ins Kloster führte, sind sie doch alle der Meinung, dass sich ihr aus früheren Leben mitgebrachtes Karma auf diese Weise manifestierte.

Nonne in weniger traditionellem Outfit

Nagi Gompa war ursprünglich ein Retreat-Kloster – kein Ort hoher akademischer Ausbildung, sondern ein geschützter Raum, der ein Leben in meditativer Praxis unter adäquater Leitung bot. Die Mädchen sollten ihre Schulbildung schon abgeschlossen haben, wenn sie ins Kloster eintraten, also mindestens vierzehn Jahre alt sein. Doch die Exilsituation verlangte Anpassung an eine immer schwieriger werdende Realität. Manches Mädchen wird vor dem Mindestalter aufgenommen, weil es kein anderes Zuhause findet. Erst nach und nach wurde ein Schulbetrieb aufgebaut, der wenigstens grundlegende Erfordernisse erfüllte. Denn manche der jungen Anwärterinnen hat zu Hause, wenn einer der Elternteile nepalischer Herkunft war, nicht oder sehr ungenügend Tibetisch gelernt und Mädchen aus entfernten Bergregionen sprechen gar nur einen einheimischen Dialekt.

Um Mädchen, die eine Zukunft als Nonne anstrebten, eine angemessene Schulbildung zu ermöglichen, hat die auch im Westen bekannte tibetische Sängerin Chöying Dölma, selbst Nonne von Nagi Gompa, mithilfe von Spenden am Rand des Kathmandutals eine Schule für Klosteraspirantinnen gebaut. »Es ist nicht gut«, sagte sie, »wenn Mädchen ganz ungebildet ins Kloster kommen und vielleicht falsche Vorstellungen mitbringen. Sie brauchen grundlegende Kenntnisse und sie brauchen ein Wissen um ihren eigenen Wert.«

In ihrer äußeren Aufmachung unterscheiden sich die Nonnen nicht von den Mönchen. Sie tragen dieselben dunkelroten Roben, haben geschorene Köpfe und ergänzen im Exil ebenfalls die Klosterkleidung – außerhalb der Pujas und offizieller Gelegenheiten – mit T-Shirts, Jacken und Anoraks in Rot und Gelb. Doch was ihre Stellung betrifft, ist der Unterschied gewaltig.

Im alten Tibet galten die Nonnen nicht viel. Grundsätzlich hatten die Frauen in dieser Kultur nicht die schlechtesten Karten, verglichen mit anderen asiatischen Kulturen. Doch in der klösterlichen Tradition lagen Ansehen und Macht bei den Männern. Argumentiert wurde mit überlieferten Texten, die aussagten, die Geburt als Frau sei Zeichen eines schlechten Karmas und eine Nonne könne nur durch eifriges Dienen genügend Verdienste sammeln, um als Mann wiedergeboren zu werden und so die Chance zu erwerben, erleuchtet zu werden und Befreiung aus dem leidvollen Kreislauf der Existenzen zu erlangen. Und wie es mit solchen kulturellen Glaubenssätzen ist, sie wurden geglaubt und als absolute Wahrheit verinnerlicht, von den Nonnen nicht weniger als von den Mönchen und dem Rest der Gesellschaft.

Aus kaum stichhaltigen Gründen wurde den Nonnen in Tibet seit der Einführung des Buddhismus die volle Ordination verwehrt. In anderen buddhistischen Ländern erhalten Nonnen die Ordination nach dem Vorbild aus der Zeit des Buddha, als dieser – angeblich nur zögerlich – Frauen den Zutritt zum Orden gewährte und dies mit der Auflage, 364 Regeln einzuhalten, im Gegensatz zu den 253 Regeln für Mönche. Wahrscheinlich, dachte ich, als Zugeständnis einer patriarchalen Gesellschaft gegenüber, der er schon durch seine Missachtung der Kasten viel zugemutet hatte.

Wie problematisch die Identifikation der tibetischen Nonnen mit dem Mangel an Wert war, zeigte sich, als eine sehr fleißige Studiengruppe unserer jungen Nonnen zur Prüfung bei dem alten Khenpo, der sie unterrichtete, antreten sollte. Kaum eine erschien, die meisten versteckten sich in Panik. Trotz eifrigen Lernens trauten sie sich nicht zu, die Prüfung zu bestehen. Ich sprach mit einer der jungen Nonnen, die nicht davongelaufen war und die Prüfung glanzvoll bestanden hatte.

»Sie haben Angst vor dem Khenpo«, erklärte sie. »Mir wäre es auch lieber gewesen, wenn wir eine Khenpo-Nonne als Lehrerin gehabt

Das Studium der Lehren wird den Nonnen immer wichtig

hätten. Aber davon gibt es noch so wenige. Deshalb möchte ich selbst eine werden. Vielleicht dürfen irgendwann auch wir Nonnen an der Klosteruniversität studieren. Das ist mein größter Wunsch.«

Nonnenalltag

Deki war eine der beiden Disziplinarinnen im Nonnenkloster, als ich sie kennenlernte. Heute trägt sie, nach dem Abschluss der Lehrgänge und dem Dreijahres-Retreat, den Lama-Titel und ist Dharma-Lehrerin. Über den Tagesablauf im Nonnenkloster berichtete sie: »Um fünf Uhr morgens stehen wir auf. Dann sind wir etwa zwei Stunden mit unserer individuellen Meditationspraxis beschäftigt. Nach dem Frühstück versammeln wir uns im Lhakang zu einer dreistündigen Tara-Puja. Danach haben wir zwei Stunden Unterricht unter der Leitung des Khenpo. Nach dem Mittagessen folgen wieder drei Stunden Puja im Lhakang und am Spätnachmittag haben die Jüngsten Schul-

Die Wiese als Schulzimmer

unterricht, während die übrigen entweder studieren oder an der gemeinsamen Beschützer-Puja teilnehmen. Nach dem Abendessen haben wir dann wieder Zeit für unsere individuelle Meditationspraxis. Etwa um zehn Uhr gehen wir schlafen.

Das ist der normale Tagesablauf. Er wird jedoch oft durch Klosterfeste unterbrochen, einer Verbindung von Puja und Feiern; dabei werden die Mahlzeiten und gelegentlich auch rituelle Tänze miteinbezogen. Oder der Rinpoche kommt herauf und zelebriert eine Einweihung. Dann ändert sich der Rhythmus natürlich auch. Wir kochen dann für alle und essen gemeinsam mit den Gästen, die zur Einweihung gekommen sind.

Wir sind so organisiert, dass wir eine Klosterleiterin haben. Dann gibt es zwei Wirtschaftsleiterinnen, die sich um alles kümmern müssen, was für die Rituale gebraucht wird, und um das, was unsere Gemeinschaft braucht. Und ich bin eine der beiden Disziplinarinnen,

Der Lhakang von Nagi Gompa

Deki und ihre Mutter

die der Rinpoche ernannt hat. Wir haben diese Ämter ein paar Jahre lang inne und dann werden sie von anderen übernommen.«

Als ich die junge Deki kennenlernte, lebte sie schon seit zehn Jahren mit ihrer Mutter in einem kleinen Häuschen auf dem Klostergelände. Es besteht aus zwei winzigen Räumen, in denen geschlafen und meditiert wird. Die Kochstelle ist vor der Haustür, von der aus man ganz Kathmandu überblickt, und alles ist von Blumen und blühenden Büschen umringt. Die Mutter erzählte ihre Geschichte: »Als mein Mann weglief, war meine Tochter zehn Jahre alt und ging in Kathmandu zur Schule. Schon damals äußerte sie den Wunsch, Nonne zu werden. Wir beschlossen, dass sie zuerst die Schule abschließen sollte. Als sie vierzehn Jahre alt war, baten wir den Rinpoche, uns hier aufzunehmen, und er war so gütig, uns in diesem Häuschen wohnen zu lassen. Zuerst, als mein Mann uns verlassen hatte, dachte ich, das sei ein schreckliches Schicksal. Aber heute bin ich der Meinung, dass wir ganz großes Glück hatten. Ich möchte nie wieder von hier weggehen. Käme mein ehemaliger Mann heute zurück und würde mich auf Knien bitten, zu ihm zurückzukehren – ich würde aus tiefstem Herzen Nein sagen.«

Darin lag keine Bitterkeit. Im Gegenteil, sie lachte fröhlich über ihr gutes Karma. Nonne hatte sie nie werden wollen. Sie war zufrieden damit, den Haushalt zu führen, sodass ihre Tochter sich ganz ihrer Meditationspraxis und ihren klösterlichen Aufgaben widmen konnte. »Ein schönes Leben«, sagte sie und strahlte.

Das Leben der Nonnen hat seit alters her einen anderen Stil als das der Mönche.

»Sie kochen lieber eine jede für sich oder in kleinen Grüppchen«, erklärte Chökyi Nyima Rinpoche. »Die Mönche sind eben Männer, die haben nicht so viel Beziehung zum Kochen. Sie setzen sich an den Tisch und essen, was man ihnen hinstellt. Frauen sind anders, ihnen macht es Freude, ihr Essen selbst zuzubereiten.«

Eines Tages hatte ich ein Gespräch mit dem Klostermanager, unter dessen zentraler Verwaltung auch das Nonnenkloster steht. Als Gründerin und Vorsitzende des Vereins Tashi Delek, von dem das Nonnenkloster zum größten Teil lebt, wollte ich konstruktive Vorschläge machen, darunter auch, dass eine gemeinsame Küche für die Nonnen doch viel sparsamer und effizienter sei. Der Manager lachte und sagte: »Man merkt, dass du aus dem Westen kommst. Aber wir denken anders. Als Erstes gilt: Wir wollen, dass die Menschen glücklich sind.«

Einmal hatte ich jedoch die Möglichkeit, die Nonnen mit meinem westlichen Know-how sinnvoll zu unterstützen. Wieder einmal kam ich zu meinem jährlichen Retreat auf den Berg ins Kloster. Schnell bemerkte ich eine auffällige Unruhe unter den jungen Nonnen. Kleine Grüppchen scharten sich zusammen und diskutierten eifrig. Ich

Die Autorin im Retreat

hatte die Nonnen schon immer als sehr redefreudig erlebt, doch dies überschritt das übliche Maß. Diejenige, die am besten Englisch konnte, gab mir schließlich Auskunft: dass sie die interne Klosterverwaltung gern selbst organisieren wollten, anstatt sie, wie bisher, in den Händen ihrer ziemlich autoritären Leiterin zu lassen. Sie waren überzeugt, es selbst besser machen zu können, da sie ihrer aller Bedürfnisse besser kannten als die Leiterin, die ihr alltägliches Leben nicht unmittelbar teilte und mehr an repräsentativen Aktivitäten interessiert war. Doch wussten sie nicht, wie sie das einfädeln sollten. Sie fürchteten, dass die Leiterin und der Verwalter ihnen kein eigenständiges Organisieren zutrauten und ihnen gar nicht erst die Chance eines Versuchs zugestehen würden.

Also gab ich die nötigen Tipps: Haltet eure Versammlungen ohne die Autoritäten ab; setzt genau fest, wer welchen Job übernehmen

Das sakrale Orchester der Nonnen unterscheidet sich nicht von dem der Mönche

kann und wird; stellt jetzt schon einen Rotor auf für das kommende Jahr – wann die Jobs wechseln und wer eingeteilt ist; und lasst nichts nach außen dringen, bis ihr euch geeinigt und das ganze Programm zusammen ausgearbeitet habt. Ich schrieb Vorlagen für die nötigen Pläne auf, erklärte jeden Punkt mindestens drei Mal und beschrieb die Funktion einer Moderatorin in ihren Sitzungen.

So machten sie es dann auch und als ich nach zwei Monaten mein Retreat beendet hatte, war die neue Form bereits im Gang. Das war für tibetische Verhältnisse ungeheuer schnell gegangen. Es lag wohl daran, dass all diese jungen Frauen in ihrem Leben außerhalb und auch innerhalb des Klosters viel traditionellen autoritären Stil erlebt hatten, nun aber von der Idee eines neuen Stils begeistert waren, der jeder von ihnen eine Stimme gab. Von den Schattenseiten der Demokratie wussten sie ja nichts und ich hatte die Hoffnung, dass die

Der Chöd-Tanz der Nonnen

buddhistische meditative Methode der »Geisteszähmung« und des »Geistestrainings« solche auch verhindern würde.

Die rituelle Seite des Klosterlebens ist bei den Nonnen nicht anders als bei den Mönchen. Sie feiern die Pujas auf die gleiche Weise und mit den gleichen Instrumenten. Nur ein Unterschied ist unübersehbar – ihre sakralen Tänze sind sehr verschieden.

Der Tanz der Nonnen

Den Höhepunkt des kontemplativen Lebens der Nonnen bildet der sakrale Chöd-Tanz, der nur von Nonnen getanzt wird. Die Nonnen singen die wunderschönen Gesänge der Liturgie, schwingen dazu die große Handtrommel und tanzen im Schreittanz im Kreis.

Ritual und Meditation des Chöd (chöd bedeutet wörtlich »abschneiden« und bezieht sich auf das Auflösen der dualistischen Fixierun-

onnentanz, eine Tanzfigur

gen) wurde im 11. Jahrhundert von der berühmtesten Yogini Tibets, Machig Lapdrön, entwickelt, einer wichtigen Identifikationsfigur für weibliche Praktizierende des tibetischen Buddhismus. Der Legende nach war sie die Wiedergeburt eines großen buddhistischen Meisters, der einst in Nordindien lebte und lehrte. Sie heiratete, wurde Mutter dreier Kinder, führte eine ungenormte Ehe mit einem Yogi, wurde eine Siddha (Verwirklichte), war die spirituelle Lehrerin ihrer Kinder, heilte ihren psychisch kranken Sohn und war die Begründerin der Chöd-Praxis und damit der einzigen Traditionslinie, die in Tibet ihre Wurzel hatte. Machig Lapdrön ging, heißt es, mit neunzig Jahren in das »Land der Dakinis« ein.

Das Dakini-Prinzip, die dynamische, inspirierende Manifestation der weiblichen Energie (nicht nur in der Frau, sondern auch im Mann), spielt in der tantrischen Vorstellungswelt eine große Rolle. Obwohl sie keine Nonne war, ist sie doch als spirituelle Meisterin eine wichtige innere Bezugsperson für die Nonnen.

Ein Gespräch mit Tulku Urgyen Rinpoche über die Situation der Nonnen

Im Juni 1995 hatte ich mein letztes Gespräch mit meinem Lehrer Tulku Urgyen Rinpoche, das sich auf die Situation der Nonnen im Exil bezog. Ich erzählte ihm, dass ich gelegentlich von Menschen in meiner Kultur gefragt würde, warum diese Frauen als Nonnen zurückgezogen hier oben auf dem Berg leben, anstatt zum Beispiel aktiv den Armen zu helfen, wie man es angesichts der großen Bedeutung erwartet, die man im Buddhismus dem Mitgefühl gibt. Tulku Urgyen Rinpoche antwortete:

»Zum einen gibt es hierzulande für Frauen in einem normalen Lebensrahmen keine Möglichkeit, den Dharma zu praktizieren. Frauen sind hier völlig von anderen abhängig, von den Eltern, vom Ehemann. Aber allein nur für eine Familie zu sorgen, hat keinen bleibenden Wert. Hier oben im Kloster können sie hingegen ihr ganzes Leben dem Dharma weihen. Zum anderen gibt es ein Missverständnis, was den Begriff Mitgefühl betrifft. Selbst wenn man versucht, anderen zu helfen, kann man doch als einzelner Mensch nicht viel tun. Es ist nicht so, dass die Nonnen, die hier abseits von der Welt leben und sich auf die spirituelle Praxis konzentrieren, dies nur für ihr eigenes Wohlergehen tun. Sie tun es, um ihren Geist zu befreien und sich so in die Lage zu versetzen, viele, viele Wesen auf der geistigen Ebene zu unterstützen. Das geht weit über die missverständliche Vorstellung von emotionalem Mitgefühl hinaus. Von außen mag es vielleicht so aussehen, als wäre es selbstsüchtig, sich von der Welt zurückzuziehen, und als würden die Nonnen hier oben ein bequemes Leben führen und es sich gut sein lassen. Aber wer kann in die Menschen hineinschauen? Wer weiß schon, was wirklich in anderen vorgeht? Mithilfe der entsprechenden Methoden kann man gewaltige Höhen der geistigen Vollendung erreichen – aber wer hat im Alltagsleben Zeit dafür? Um anderen wirklich zum Wohl zu dienen, bedarf es der Vervollkommnung der Paramitas. Das ist in einem Leben voller Pflichten und Ablenkungen nicht zu bewältigen.«

Ich wusste, dass der alte Meister viel von seinen Nonnen hielt und, im Gegensatz zu vielen traditionellen Lamas, keinen Unterschied zwischen den spirituellen Fähigkeiten von weiblichen und männlichen Menschen machte. Nun bewegte mich schon seit Langem die Frage, warum es in Tibet – und auch heute noch in der Exilsituation – so viele männliche Tulkus, anerkannte hohe Wiedergeburten, gibt, doch von weiblichen Tulkus so gut wie nie die Rede ist. Es musste

Tulku Urgyen Rinpoche

sie doch wohl geben. Gab es Tulkus unter den Nonnen von Nagi Gompa? Tulku Urgyen Rinpoche lächelte auf meine Frage.

»Ich weiß es nicht«, sagte er. »Wenn man kein erleuchtetes Wesen ist, kann man Tulkus nicht erkennen. Aber es könnte schon sein. Möglich.«

Tibetische Meister pflegen von sich zu sagen, dass sie ganz gewöhnliche Menschen seien; je entfalteter ihr Geist, desto mehr betonen sie ihre Gewöhnlichkeit. Doch hatte ich nicht nur viele Geschichten von Tulku Urgyen Rinpoches besonderen Fähigkeiten gehört, sondern fühlte mich in seiner Gegenwart immer ganz seltsam aus der Selbstumklammerung meiner »normalen« Persönlichkeit entlassen, so leicht und frei, dass ich nicht den geringsten Zweifel an seinem erwachten Geist hatte.

»Es gibt hier bestimmte Nonnen«, fuhr er fort, »die ganz außergewöhnlich sind. Bei anderen, die eher widerspenstig und faul sind, ist es wohl nicht anzunehmen, aber wer weiß? Es hat ja auch schon Bodhisattvas unter Metzgern und Prostituierten gegeben. All die vielen weiblichen Buddhas und Bodhisattvas kann man gar nicht zählen. Da gibt es zum Beispiel folgende Geschichte: Als Chögyur Lingpa in Begleitung einiger anderer großer Meister in Lhasa war, kamen sie an einem Platz vorbei, wo Fleisch verkauft wurde. Dort sahen sie ein Mädchen, das Fleisch zurechtschnitt. Sie war größer als die anderen und ihre Haut hatte einen bläulichen Schimmer. Ohne zu zögern, ging Chögyur Lingpa auf sie zu und machte drei Niederwerfungen vor ihr. Ohne ihre Arbeit zu unterbrechen und ohne ihm einen Blick zuzuwerfen, legte sie kurz die Hand auf seinen Kopf. Einer der begleitenden Lamas sagte: ›Das ist nun wirklich eine schlimme Geschichte, dass unser Lama sich hier von einer Frau am Kopf berühren lässt. Wirklich schlimm!‹ Und sie fragten Chögyur Lingpa, warum er das getan habe. Tsoknyi Rinpoche war sein engster Schüler und hätte es besser wissen müssen. Chögyur Lingpa sagte: ›Es gibt wohl heutzutage niemanden außer mir, der Vajrayogini auf den ersten Blick erkennt. Jedenfalls war keiner von euch Jungs daran interessiert, ihren Segen zu bekommen. Nun, so bin ich eben der Einzige, der von Vajrayoginis eigener Hand den Segen erhielt.‹

Es mag unzählige weibliche Tulkus geben, die nicht erkannt werden. Es gibt kein Gesetz, mit welchem Geschlecht Buddhas und Bodhisattvas geboren werden sollen. Das hat viel mit den gesellschaftlichen Umständen zu tun. Im alten Tibet konnte eine Frau zum Beispiel nicht allein reisen, sie konnte sich nicht verteidigen und lief Gefahr, vergewaltigt zu werden. Männer hatten damit kein Problem; es gibt keine Berichte davon, dass Männer vergewaltigt wurden.«

Tulku Urgyen Rinpoche lachte. »Männer genossen im Allgemeinen mehr Respekt. Und man erwartete, wenn ein Lama starb, dass er sich in männlicher Form inkarnieren würde. Hätte er sich in weiblicher Form inkarniert, hätte das niemand glauben wollen. Natürlich gab es gelegentlich auch weibliche Inkarnationen von großen weiblichen Praktizierenden. Diese hat man schon akzeptiert. Ich weiß von einer weiblichen Tulku in Zentraltibet, die einen sehr hohen Titel innehatte – tatsächlich stand sie in der Hierarchie direkt unter dem Dalai Lama, also auf derselben Ebene mit seinen Lehrern. Sie kam immer wieder in weiblicher Form zurück. Die Leute erwarteten das; sie wären gar nicht glücklich gewesen, wenn sie plötzlich eine männliche Inkarnation gewählt hätte.

Es geht also darum, ob eine hohe Wiedergeburt in der entsprechenden Gesellschaft anerkannt wird. Tibet war eben eine männlich bestimmte Kultur und neigte dazu, eher männliche als weibliche Tulkus anzuerkennen. Doch das kann sich ja in Zukunft alles ändern.«

Tod und Wiedergeburt

Im Frühjahr 1996 starb Tulku Urgyen Rinpoche. Wieder hatte ich einen Lehrer verloren. Ein Schock, ein großer Schmerz, aber aufgewogen von der inspirierten Geisteshaltung, die im Kloster herrschte. Im Lhakang war der Kudung (heiliger Körper) des alten Meisters in einem Behälter anwesend, den man vor dem großen Schrein aufge-

Am Abend vor der Feuerbestattung erstrahlt die Stupa von Boudhanath im Schein unzähliger Butterlämpchen

stellt hatte. In diesem reich geschmückten Behälter befand sich nach alter Tradition der Kudung, eingepackt in Salzsäcke, um die Körperflüssigkeiten aufzunehmen.

Tulku Urgyen war nach dem klinischen Tod drei Tage lang im Samadhi geblieben, dem Zustand vollkommener Meditation.

Es ist für Tibeter nichts Außergewöhnliches, wenn der Körper eines Meisters nach dem Tod nicht in Totenstarre fällt, sondern im Bereich des Herzens noch tagelang warm bleibt und ein lebendiges Aussehen beibehält; vielmehr erwarten sie es geradezu. Vom westlichen, konventionell wissenschaftlichen Standpunkt aus gibt es dafür zwar keine Erklärung, aber es ist auch bei hohen tibetischen Meistern, die in westlichen Kliniken starben, geschehen und dokumentiert worden. Die Präsenz eines großen Lehrers in seiner Kudung-Form wird als eine besonders wertvolle Gelegenheit für seine Schüler und alle buddhistisch Praktizierenden betrachtet, die eigene Praxis zu vertiefen und sich mit dem klaren Geist des Lehrers zu verbinden. Selbst diejenigen, die nicht in näherer Beziehung zu Tulku Urgyen Rinpoche gestanden hatten, fühlten sich durch die Präsenz des Kudung seltsam berührt und inspiriert. Tatsächlich herrschte eine außergewöhnliche Energie im Kloster. Es war eine durchdringende Atmosphäre von Sanftheit und Raum, so, als habe sich die spezielle Ausstrahlung des alten Meisters potenziert. Es war wahrhaftig »Segen« im Sinne des tibetischen Wortes jintag, das so viel wie »überwältigende Energie« bedeutet.

Ganztägige Pujas wurden im Tempel abgehalten und in den Pausen rannten die Kinder in einen der beiden Seitenhöfe des Klosters, um zu sehen, wie der Bau der Stupa für die Feuerbestattung des verstorbenen großen Meisters Tulku Urgyen Rinpoche voranging. Mehr als drei Meter hoch ragte die traditionelle Form auf, wurde geweißelt und kunstvoll bemalt und geschmückt. Gestänge wurden aufgestellt und mit Stoffgirlanden behängt. An den vier Seiten des Hofs wurden Podeste gezimmert, auf denen die geladenen hohen Rinpoches ihre Pujas abhalten würden.

Vor der Einäscherung des Kudung waren alle Mönche und Nonnen – auch anderer Klöster, die eine Verbindung mit Tulku Urgyen Rinpoche hatten – auf der großen weißen Stupa von Boudha damit beschäftigt, auf den Stufen und Rändern des imposanten Bauwerks insgesamt hunderttausend Butterlämpchen aus Ton aufzustellen und Öl hineinzugießen. Bei Einbruch der Dunkelheit wurden dann alle entzündet – ein wundervoller Anblick. Auch das ganze Kloster war mit solchen Butterlämpchen auf allen Balkonen und Simsen ausgestattet.

Am Tag der Feuerbestattung wurden im großen Vorhof des Klosters frühmorgens riesige tibetische Zeltdächer als Sonnenschutz für die vielen erwarteten Gäste aufgebaut. Im Seitenhof, in dem die Einäscherung stattfinden sollte, richtete man auf den Podesten alles Nötige für die Puja her. Und als die Zeremonie dann schließlich begann, waren so viele Gäste gekommen, dass keine Maus mehr dazwischen Platz hatte.

In feierlicher Prozession wurde der Kudung, im Salz klein geschrumpft, in gelbe Tücher und Brokat gehüllt auf einem hölzernen Thron aus dem Tempel und um das ganze Kloster herum getragen. Dann wurde der Körper samt Thron in die Bestattungs-Stupa geschoben und die Öffnung zugemauert. Als das Feuer hochschlug und der Rauch aus den oberen Öffnungen quoll, gab es keine Tränen, wohl aber Hingabe und Frieden auf den Gesichtern – ein tiefes Einverstandensein mit Leben und Tod, den Zyklen von Werden und Vergehen, denen alle materielle Existenz unterliegt.

Tulku Urgyens Kudung wird zur Feuerbestattung getragen

Die Zeremonien liefen mit intensiver Sammlung ab, ungeachtet der mit Fotoapparaten und Videokameras bewaffneten Westler (darunter ich), die dazwischen herumliefen, um den besten Platz für den besten Schuss zu finden, und gelegentlich stieß einer mit einem assistierenden Mönch zusammen. Niemand jagte die eifrigen Fotografen weg. Niemand beklagte sich. Es war einfach so, wie es war, und man kam damit zurecht. Diese Stimmung von äußerster Friedfertigkeit und Großzügigkeit war eine besondere Manifestation des Geistes von Tulku Urgyen Rinpoche – nun, von aller Körperlichkeit befreit, stärker und durchdringender gegenwärtig denn je.

Über die Rituale, die nach dem Tod eines Menschen üblich sind, hatte Tulku Urgyen zu Lebzeiten berichtet: »Eines war Chöd und das andere Dur. Das Dur betrifft bestimmte Klassen von Geistwesen, die mit der körperlichen Existenz eines jeden Menschen verbunden sind. Im Hauptteil des Rituals löst der leitende Meister des Rituals die

Nach der Feuerbestattung wird der Ofen in Gestalt einer Stupa schön geschmückt

neun Geistwesen von der Lebensenergie, die sie gierig verschlingen. Wenn diese neun Geistwesen nicht entfernt werden, können sie, wie man annimmt, die Befreiung im Bardo verlangsamen oder Hindernisse kreieren ... Diese Geistwesen (die sich von der Lebensenergie nähren) sind dämonische Geister, eine Art von fühlenden Wesen. Man hört eine Menge HUNG- und PAT-Rufe während desjenigen Teils des Rituals, wenn die neun Geister aus ihren diversen Verstecken gescheucht werden. Diese Zeremonie ist selbst für ein großes Wesen wie Samten Gyatso (Tulku Urgyens ›Wurzel-Guru‹) nötig, weil die strahlende Größe solch eines Meisters viele weltliche Geister anzieht.«
Nach der Feuerbestattung wurde die vom Rauch ein wenig geschwärzte kleine Stupa als Schrein hergerichtet und drei Tage lang wurden vor ihr Pujas zelebriert. Abends und bis tief in die Nacht

Eine Atmosphäre des Friedens und der Hingabe beherrscht die Bestattungsszene

durfte, wer immer wollte, für sich im Schein von Butterlämpchen unter dem Sternenhimmel seine Meditation abhalten, eingehüllt in die wundersame Präsenz des verstorbenen Meisters.
Schließlich ging es, wiederum in rituellem Rahmen, ans Ausräumen der Überreste. Chökyi Nyima Rinpoche, der älteste Sohn Tulku Urgyen Rinpoches, setzte Hammer und Meißel an und holte dann aus der Öffnung heraus, was nicht verbrannt war: den weiß gebleichten Schädel, ein paar große Knochen, Asche, Kostbarkeiten, die später in Reliquienschreine verteilt wurden. Am Tag danach trugen ein paar Mönche das Bauwerk wieder ab, Backstein um Backstein. Währenddessen zogen sich Wolken zusammen, an dem tagelang wolkenlosen Himmel. In dem Augenblick, als zeremoniell ein tibetischer Buchstabe, die »Keimsilbe« AH, die für die Auflösung aller dualistischen Fixierungen steht, in den restlichen Bausand auf dem Boden gezeichnet worden war, brach ein so ungeheueres Gewitter los, dass selbst das große Kloster erbebte. Alle schienen sehr zufrieden zu sein über diesen dramatischen Beitrag des Himmels, den offenbar jeder als angemessenen Abschied, den die Natur dem großen Meister bot, betrachtete.

Der kleine Tulku

Ein ganz besonderer Gast wohnte den Zeremonien der Feuerbestattung bei – der Enkel des großen alten Meisters, die zweieinhalbjährige Wiedergeburt des einige Jahre zuvor verstorbenen Meisters Dilgo Khyentse Rinpoche. Der Vater des Kindes ist Tulku Urgyen Rinpoches zweitältester Sohn Chökling Rinpoche. Die Familie mit insgesamt vier Kindern (neben dem kleinen Tulku zwei Mädchen und Pakchok Rinpoche, damals ein Teenager) lebt im großen Kloster der Mönche – drei Generationen hoher Wiedergeburten unter einem Dach.

ameras werden beim Ausräumen de Relikte nicht als störend empfunden

Der kleine Tulku Khyentse Yangsi, Tulku Urgyens

Dilgo Khyentse Rinpoche

Der kleine Tulku, von allen Familienmitgliedern »Rinpoche« genannt, dessen Vorgänger gleich dem Dalai Lama den höchsten spirituellen Titel trug (den wir mangels anderer sprachlicher Möglichkeiten mit »Seine Heiligkeit« übersetzen), war ein zartgliedriges Bübchen mit einer beeindruckend hohen Stirn. Ein paar Jahre lang sollte er noch im Schoß seiner Familie bleiben dürfen, bevor er in sein »eigenes« Kloster in der Nachbarschaft umsiedeln musste. Doch die folgende Trennung wurde mit häufigen Besuchen der Familie überbrückt, wie ich über die Jahre beobachten konnte.

Es war eine ganz besondere Erfahrung für mich, dieses ungewöhnliche Kind in seiner familiären Umgebung zu erleben. Ich hatte viele beeindruckende Geschichten von kleinen Tulkus gelesen und gehört: dass sie im Krabbelalter schon auf ihrem Thron im Tempel sitzen und stundenlang Besucher segnen, oder gar, dass sie Abdrücke ihrer Füße oder Hände in Felsen hinterlassen. Meine Bereitschaft, solch märchenhafte Ereignisse zumindest als Möglichkeit offenzulassen, war im Laufe meiner zunehmenden Vertrautheit mit der Welt des tibetischen Buddhismus gewachsen. Dennoch hatte ich auch eine gewisse Skepsis behalten.

Die schöne Mutter des kleinen Rinpoche, Dechen Mayum, erzählte mir, dass einmal eine weibliche Rinpoche zu Besuch gekommen war, eine ältere Yogini, die viele Jahre im Retreat verbracht hatte und an Asthma litt. Sie hatte Dilgo Khyentse Rinpoche nahegestanden und wollte nun seine Wiedergeburt begrüßen. Der Kleine schien sie zu erkennen, obwohl er sie noch nie gesehen hatte. Er trug Kissen herbei, damit sie gut sitzen möge, und rief nach dem Mönch, der den Tee nicht schnell genug brachte. Und als sie ging, kommandierte der Knirps souverän Mönche herbei, die ihr die Treppe hinunterhelfen sollten.

Es war die besondere Eigenart dieses kleinen Menschleins, sich intensiv um seine Gäste zu bemühen. Ich selbst bekam eine entzückende Kostprobe davon. Er legte ein Ärmchen um meinen Hals und hielt mir meine Tasse Tee an den Mund, sodass mir nichts anderes übrig blieb, als zu trinken. Er bestand darauf, dass ich auf der Stelle alles austrank. Schließlich durfte ich die Tasse wieder absetzen, doch er drehte sie vorsichtshalber mit der Öffnung nach unten, um zu sehen, ob sie auch wirklich leer war. Auch als Schalen mit Essen serviert wurden, kümmerte er sich nachdrücklich um mein leibliches Wohl. Mit beiden Händchen hob er die Schale, die ich in der Hand hielt, an und verkündete mit großem Ernst, wie seine Mutter übersetzte, dass ich das alles essen solle, es sei gut für mich. Nun ja, dachte ich, er ist einer der spirituellen Heroen des tibetischen Buddhismus, sei es auch noch in Knöspchenform, also ist etwas, das er mir gibt, sicher besonders gut für mich. Es war inzwischen ganz selbstverständlich für mich geworden, so zu denken, in dem herrlichen Sowohl-als-auch, das es mir zugleich ermöglichte, mir ein paar neurobiologisch orientierte Gedanken darüber zu machen, welch interessante Wirkungen meine Vorstellungen und Überzeugungen auf meine psychischen und körperlichen Abläufe haben mochten.

Wie ihr kleiner Sohn denn sonst so sei, fragte ich seine Mutter. Sie lachte und sagte: »Wenn man weiß, dass es sinnlos ist, gegen seinen gewaltigen Willen anzugehen, lebt sich's gut mit ihm. Er quengelt nie. Aber wenn man ihn zu etwas zwingen will, was er nicht mag, ist die Hölle los. Zum Beispiel kann er nicht ausstehen, wenn man darauf besteht, dass er zu bestimmten Zeiten isst, nur weil Essenszeit ist. Er weiß sehr genau, was er will und was nicht. Also berücksichtigen wir das eben. Im Übrigen ist er ein sehr aufmerksames Kind, sehr eigenständig und entdeckungsfreudig.«

Abgesehen von gelegentlichen ungewöhnlichen Verhaltensweisen war die hohe Wiedergeburt im Übrigen einfach ein kleines Kind, das weinte, wenn es hinfiel und sich wehtat, und nach dem Trost der mütterlichen Brust verlangte. Er tobte herum, telefonierte leidenschaftlich gern und schätzte Süßigkeiten. Ein älterer Mönch war sein Betreuer, der unter anderem die Aufgabe hatte, ihn bei öffentlichen Anlässen herumzutragen (die Mutter hatte sich dabei nach tibetischer Sitte im Hintergrund zu halten). Aber auch einige jugendliche Mönche wurden zum Babysitten herangezogen und natürlich war jeder glücklich, wenn er den kleinen Rinpoche auf den Arm nehmen oder mit ihm spielen durfte.

Tulku Khyentse Yangsi mit Mama

So winzig »Seine Heiligkeit« war, hatte er doch offizielle Pflichten. Häufig kamen tibetische und ausländische Besucher, die den Segen – eine glückbringende Berührung – des kleinen Tulku erbaten. Dann musste er seine Hand auf einen Kopf nach dem anderen legen. Meistens tat er das geduldig, doch es kam schon vor, dass er sich auf dem Arm seines Mönchs abwandte und ihm ins Ohr flüsterte: »Die sollen mich in Ruhe lassen.«

Als die kleine Wiedergeburt eine weiße Khata (Glücksschal) vor die Öffnung der Verbrennungs-Stupa legte, in der die sterblichen Überreste des alten Weisen vom Berg darauf warteten, verbrannt zu werden, schien sich in diesem Kloster ein universaler Kreis zu schließen. Man kann nur ahnen, welches Lebensgefühl sich in den Klosterkindern entwickeln mag, die in solch einem Umfeld aufwachsen. Sie lernen nicht nur theoretisch, sondern auf sehr lebendige Weise, Leben und Tod in ganz anderem Licht zu sehen als wir westlichen Menschen.

Das tibetische Totenbuch

Tulku Urgyen Rinpoche sagte: »Es gibt für den Augenblick des Todes eine Unterweisung, die man bildhaft beschreibt als ein Kind, das auf den Schoß seiner Mutter springt. Ein Kind erkennt seine Mutter und springt ohne jedes zweifelnde Zögern auf ihren Schoß. Das Kind, das nicht zweifelt, ist eine Analogie für jemanden, der die mündlichen Unterweisungen über Mahamudra (die höchsten Lehren über den Geist) von einem qualifizierten Meister erhalten hat und imstande ist, seine Mutter, die ursprüngliche Klarheit des Geistes, zu erkennen. Wer den Zustand dieses leeren Gewahrseins im Augenblick des Todes erkennt, erlangt die Befreiung.«

Dies ist die Essenz des sogenannten »Tibetischen Totenbuchs«, das diese Bezeichnung zu Unrecht trägt, denn es ist ebenso sehr ein Buch für die Lebenden. Sein tibetischer Titel lautet Bardo Thödol, »Buch der Befreiung durch Hören im Zwischenzustand« (Bardo). Hierin sind die zentralen Lehren des tibetischen Buddhismus enthalten. Wenn ein praktizierender Buddhist des tibetisch-buddhistischen Kulturkreises im Sterben liegt, soll ein spiritueller Lehrer oder spiritueller Freund ihm die entsprechenden Anweisungen ins Ohr flüstern, damit er im Drama des Sterbens nicht vergisst, worum es geht. Die Voraussetzung ist, dass der Sterbende im Leben spirituell unterwiesen wurde, sodass es nur des Anstoßes bedarf, damit er sich erinnert und auch dann, wenn seine subtile Energie den materiellen Körper verlassen hat, noch angeleitet werden kann.

Tulku Urgyen Rinpoches Wiedergeburt, Urgyen Yang

Nachdem der Tod eingetreten ist – was eine halbe Stunde bis zu drei Tage nach dem Herz- und Gehirnstillstand dauern kann, sollte der Verstorbene auf seinem Sterbelager bleiben, denn die Energie löst sich nicht so leicht vom Körper ab. Während dieser drei Tage und nach der Bestattung noch länger, insgesamt 49 Tage lang, werden täglich die »Bardo-Lehren« für die Verstorbenen gelesen.

Happy End

Die Todesrituale und das Lesen aus dem Totenbuch sind traditionell eine Aufgabe für die Mönche, die dafür von der Familie des Verstorbenen entlohnt werden. Zur allgemeinen Ausbildung der jungen Mönche gehören auch Regeln, wie sie sich am Sterbebett zu verhalten haben. Als Erstes lernen sie die wichtigste Aufgabe: alles zu tun, um eine sanfte, friedliche Atmosphäre zu schaffen, sodass der Geist des Sterbenden nicht gestört wird.

Nach buddhistischer Anschauung gilt dies nicht nur für das Sterben, sondern für alle Situationen des Lebens. Wann immer es möglich ist, sollte man sich um eine gute Atmosphäre bemühen – eine Atmosphäre ohne Negativität. Eine solche entsteht nur durch eine gewaltlose, friedliche Geisteshaltung. Dementsprechend werden auch die jungen Mönche angewiesen, einem Sterbenden, der nicht wahrhaben will, dass er stirbt, die Wahrheit nicht aufzudrängen. Das, so heißt es, wäre fast ebenso schlimm wie Mord.

Einer der jungen Mönche hat mir eine alte, in Tibet beliebte Geschichte erzählt, die metaphorisch die richtige Geisteshaltung beschreibt, aus der das angemessene Verhalten gegenüber einem Sterbenden erwächst. Es ist eine Geschichte über die Einfachheit und Unmittelbarkeit des Mitgefühls und sie macht deutlich, dass es keinen Trick, kein Patentrezept gibt, um die passenden Mittel zu finden, mit denen man

anderen wirklich helfen kann – und schon gar nicht beim Sterben. Da ist man ganz auf sein eigenes, einfühlsames Mitgefühl angewiesen.
Zum besseren Verständnis der Geschichte muss man vorausschicken, dass der Meditations-Buddha Amitabha eine reine Geistebene repräsentiert, die sich dem Sterbenden im Augenblick des Todes eröffnet und der er sich überlassen soll. Er ist die Personifikation eines Aspekts der Weisheitsenergie, der als rotes Licht in Erscheinung tritt, und man visualisiert ihn als rote Buddha-Figur in einem roten Mandala-Palast.

Der Tod des Zimmermanns

Es war einmal ein Zimmermann, dessen Leben sich dem Ende zuneigte. Er wurde krank und konnte das Bett nicht mehr verlassen. Dass es allerdings ans Sterben gehen sollte, davon wollte er nichts wissen. Er sei nur ein bisschen krank, sagte er, und er würde bestimmt bald wieder aufstehen und arbeiten können.
Die einzige Tochter des Zimmermanns war Schülerin eines weisen Lamas und praktizierte sehr eifrig den Dharma. Der Vater hingegen war zwar ein braver, gutherziger Mann, hatte sich jedoch nie um die buddhistischen Lehren gekümmert. Wann immer ihn seine Tochter dazu bringen wollte, mit zum Lama zu gehen und die Unterweisungen anzuhören, sagte er: »Mach du nur, Kind, dein Vater muss arbeiten.«
Als nun die Tochter sah, dass es mit dem alten Mann zu Ende ging, machte sie sich große Sorgen, weil er sich nicht mit dem Sterben und den nötigen Vorbereitungen darauf befassen wollte. Wie kann ich nur meinem Vater helfen, gut zu sterben, dachte sie. Ihr Lama empfahl ihr, Arya Tara, die Gottheit ihrer Meditationspraxis, um Hilfe zu bitten. Das tat sie und Tara gab ihr die rechten Worte ein.

»Vater, höre, ich habe eine wunderbare Neuigkeit«, sagte das Mädchen zu dem Kranken. »Es hat sich herumgesprochen, was für ein guter Zimmermann du bist. Ein Fürst will dir den Auftrag geben, ihm einen großen Palast zu bauen. Er heißt Fürst Amitabha. Alles soll rot sein, die Wände, die Böden, die Decken, einfach alles. Du kannst dir ja schon mal ein paar Gedanken darüber machen.«

Der Vater war überglücklich und dachte an nichts anderes mehr als an den roten Palast, den er bauen sollte, und er bemerkte kaum, dass er immer schwächer wurde. Nur dass er nicht genug Kraft hatte, um zu dem Fürsten zu gehen und seinen Auftrag entgegenzunehmen, beunruhigte ihn.

Die Tochter sagte: »Der Fürst hat Verständnis für deinen Zustand. Er wird bald selbst kommen und alles mit dir regeln.«

»Ausgezeichnet«, sagte der Vater zufrieden. »Ich habe alles schon genau im Kopf und bald bin ich wieder gesund.« Doch er wollte zumindest wissen, wie der Fürst Amitabha aussah. Leuchtend rote Gewänder trage er, sagte die Tochter, ja, selbst seine Haut habe einen roten Schimmer.

Es kam ein Morgen, an dem das Mädchen spürte, dass ihr Vater nun sterben würde. Doch die ersten Worte, die er sprach, enthielten die Frage nach dem Bauauftrag des roten Fürsten. »Er wird heute kommen«, sagte das Mädchen und hielt die Hände ihres Vaters. »Ganz bestimmt wird er kommen.«

Der Vater atmete schwer. Plötzlich erhellte sich sein Gesicht und er schaute mit strahlenden Augen zur Tür. »Oh, er ist gekommen, der Fürst Amitabha«, sagte er beglückt. »Er hat sein Wort gehalten.« Und lächelnd, den Geist erfüllt vom roten Licht Amitabhas, schied er dahin.

Der Buddhismus

Die buddhistischen Lehren, allgemein »Dharma« genannt, umfassen das, was man im Westen Philosophie, Psychologie und Metaphysik nennen würde, doch sind diese Inhalte nicht, wie bei uns, voneinander getrennt. Im Laufe der ersten anderthalbtausend Jahre seines Bestehens entwickelte sich der Buddhismus in drei hauptsächlichen Schritten: südlicher Buddhismus, nördlicher Buddhismus und tibetischer Buddhismus, allgemein bezeichnet als Hinayana, Mahayana und Vajrayana. Anders als in den theistischen Offenbarungsreligionen des Vorderen Orients gab es nicht einen einzigen heiligen Text, sondern vielmehr dienten die Lehren des Buddha als Anstoß zu immer weiterer Entwicklung des Verständnisses der grundlegenden Aussagen.
Der Urtext bestand zunächst nur aus mündlich überlieferten Lehren, die erst drei Jahrhunderte später als verbindlicher Kanon der Überlieferungen zusammengefasst und in der dem Sanskrit verwandten Sprache Pali niedergeschrieben wurden (Pali-Kanon). Und dann dauerte es noch einmal zweihundert Jahre, bis der philosophisch-psychologische Extrakt der Lehrreden schriftlich festgehalten wurde (Abhidharma). Zusammen mit den ausgefeilten monastischen Regeln (Vinaya) ergab dies die dreifache Sammlung (Tripitaka) des Ur-Bud-

dhismus, auf die sich auch heute noch alle Richtungen des Buddhismus beziehen, ungeachtet der unterschiedlichen Entwicklung in den verschiedenen Kulturen Asiens.

Die Entwicklung der Lehre

In der Verbindung mit den Kulturen, in welche die buddhistischen Lehren eingeführt wurden, nahm der zunächst hauptsächlich philosophisch-psychologisch präsentierte Buddhismus religiöse Züge an. Der Buddha galt nun nicht mehr nur als ein Mensch, der den Weg zur geistigen Befreiung entdeckt hatte, sondern wurde zudem zu einer weitreichender dimensionierten Gestalt, einer materiellen Manifestation erleuchteter geistiger Energien. Deshalb befremdet es einen Mahayana-Buddhisten nicht, Sutren zu rezitieren, die dem Buddha außerhalb des historischen Rahmens zugeschrieben werden. Die historische Nachprüfbarkeit, die Abendländern so überaus wichtig erscheint, hat für Buddhisten wenig Bedeutung. Wichtiger ist die Qualität der Texte, die Inspiration, die sie für die spirituelle Entwicklung vermitteln. Denn alle buddhistischen Texte haben nur den einen Zweck, die vollkommene Einsicht in die Natur der Wirklichkeit zu fördern. Ein beliebtes Bild ist das von den zwei Flügeln, die ein Vogel zum Fliegen braucht – ebenso braucht man Studium und Meditation, um auf dem Stufenweg des Dharma zu immer tieferer und umfassenderer Einsicht und Klarheit zu gelangen. Dies, so heißt es, ist der Weg zum wahren Glück.

Einen wichtigen Teil des tibetisch-buddhistischen Studienmaterials machen die Kommentare aus, ein fast grenzenloser Reichtum. Gemäß der entwicklungsorientierten Haltung des Buddhismus wurden die Lehrinhalte von Epoche zu Epoche neu formuliert und ergänzt. Diese Vorgehensweise entspricht der Eigenart des Buddhismus, den man eher als eine Wissenschaft des Geistes verstehen sollte, als ihn mit der abendländischen Vorstellung von Religion gleichzusetzen.

Shakyamuni Buddha

Der historische Buddha – mit dem Familiennamen Siddharta Gautama aus dem Shakya-Klan – wurde vor zweieinhalbtausend Jahren in den Vorbergen des Himalaya an der heutigen Grenze zwischen Indien und Nepal als Sohn eines Fürsten geboren. Der Legende nach verkündete ein hellsichtiger Yogi, dieses Kind sei dazu bestimmt, entweder ein großer Held oder ein großer Weiser zu werden. Siddharta wuchs in der weitläufigen Palastanlage auf, ohne mit der rauen Außenwelt in Berührung zu kommen. Er wurde mit der Tochter eines anderen Fürsten verheiratet und Vater eines Sohnes.

Doch eines Tages, so erzählt die Legende weiter, drängte es ihn, den Palast zu verlassen, und was er draußen zu sehen bekam, veränderte sein Leben. Er sah einen Alten, einen Kranken und eine Gruppe von Menschen, die einen Leichnam zur Verbrennungsstätte trug. Das, so heißt es, brachte ihm Alter, Krankheit und Tod zu Bewusstsein und damit auch die Frage nach dem Sinn des Lebens. Und er sah noch etwas anderes – einen wandernden Yogi ohne Hab und Gut, der sehr gelassen in die Welt blickte. Noch unter dem Schock der Erkenntnis der Fragilität und Vergänglichkeit seiner Existenz, fühlte sich der junge Mann vom gleichmütigen Ausdruck des »Hauslosen« (die ehrenvolle hinduistische Bezeichnung für einen bettelnden Yogi) zutiefst berührt. Siddharta wollte, als er in jungen Jahren loszog, um den spirituellen Weg zur inneren Befreiung zu finden, nichts anderes als jeder Mensch, der sich auf diese Suche macht: Er wollte ein Glück finden, das mehr ist als das Gegenteil des Leidens, ein beständiges, unabhängiges, durch nichts bedingtes Glück.

Er ging zu vielen religiösen Lehrern und Yogis seiner brahmanischen Welt und lernte diverse Philosophien sowie verschiedene Praktiken wie Yoga, Fasten, Schlaflosigkeit und selbst zugefügten Schmerz kennen. Doch er musste feststellen, dass ihn auch die härteste Askese und die heftigsten körperlichen und geistigen Strapazen seinem Ziel nicht näher brachten. Schließlich erlangte er die Befreiung (vom Kreislauf des Leidens) durch stilles Sitzen unter einem Baum. Auch heute noch ist die inhaltslose Meditation im Sitzen eine zentrale Meditation in fast allen buddhistischen Richtungen.

Der Titel »Buddha« (der Erwachte) bezieht sich darauf, dass er aus dem Alltagstraum dualistischer Vorstellungen zur klaren Erkenntnis der Wirklichkeit erwacht ist. Damit ist die »Buddhaschaft« erlangt, die als Potenzial in jedem Menschen liegt. Im tibetischen Buddhismus ist sogar davon die Rede, dass es möglich sei, die Buddhaschaft in einem einzigen Leben zu erlangen.

Die Grundlagen des Buddhismus

Die Lehren des Buddhismus sind zu folgenden Grundaussagen zusammenzufassen:

Die Vier Edlen Wahrheiten:

- Die Wahrheit vom Leiden
- Die Wahrheit von der Ursache des Leidens
- Die Wahrheit von der Aufhebung des Leidens
- Die Wahrheit vom Weg, der zur Aufhebung des Leidens führt

Diese Vier Edlen Wahrheiten umreißen die Situation, in der wir uns als Menschen befinden. Der Buddha entwickelte sie in der Art und Weise, wie ein indischer Arzt vorgegangen wäre:

1. Ist da eine Krankheit?

Ja, das Leiden ist die Krankheit. Wir sehnen uns nach Glück, können jedoch Leiden und Unannehmlichkeiten aller Art nicht verhindern; jegliches Glück ist nur vorübergehend. Alter, Krankheit und Tod sind unvermeidlich. Und immer wieder erleben wir körperliche und psychische Schmerzen, Enttäuschung, Frustration, Irritation. Keine Befriedigung hält, was sie verspricht, und die Vergänglichkeit aller Dinge ist eine ständige und unausweichliche Bedrohung. Diesen Zustand nennt man Samsara.

2. Hat die Krankheit eine Ursache?

Ja, die Krankheit hat eine Ursache: die Art und Weise unserer persönlichen Erfahrung, die den Geschehnissen ihre Wertigkeit zuspricht. Die Geschehnisse an sich haben neutralen Charakter. Die Impulse von Begierde (Habenwollen), Aggression (Nichthabenwollen) und Ignoranz (Nichtwissen beziehungsweise Nichtwissenwollen) färben die Geschehnisse und lassen sie uns als »gut« oder »schlecht« erscheinen.

3. Kann man die Krankheit heilen?

Ja, denn Gesundheit ist primär und Krankheit ist sekundär. Es muss also möglich sein, das Leben auf eine Weise zu erfahren, die kein Leiden beinhaltet, indem man den Impulsen von Begierde, Aggression und Ignoranz nicht mehr folgt. Diesen von Leiden befreiten Zustand nennt man im Ur-Buddhismus Nirvana.

4. Gibt es eine Behandlung zur Heilung der Krankheit?

Ja, es gibt eine Behandlung, durch die sich die Ursache der Krankheit beseitigen lässt. Um den Zustand jenseits des Leidens zu erreichen, gibt es entsprechende Verhaltensanleitungen und meditative Methoden. Die fünf Grundregeln des Verhaltens werden als die »fünf Enthaltungen« bezeichnet. Sie beinhalten Einsicht und den Entschluss, das Leben auf eine bestimmte Weise zu führen, um so eine Grundlage für die Entwicklung der uns innewohnenden Buddha-Natur zu schaffen. Diesem Entschluss gibt man durch ein Gelöbnis Ausdruck:

- Ich verpflichte mich, nicht zu töten.
- Ich verpflichte mich, nicht zu stehlen.
- Ich verpflichte mich, nicht zu lügen.
- Ich verpflichte mich, sexuelles Fehlverhalten zu vermeiden.
- Ich verpflichte mich, Missbrauch von Rauschmitteln zu vermeiden.

Für das monastische Leben gibt es einen ausführlichen Katalog von Verhaltensregeln, der jedes Detail des Klosteralltags regelt.

Der Zugehörigkeit zum Dharma gibt jeder Buddhist, ungeachtet welcher buddhistischen Kultur, mit dem »Zufluchtsgelübde« Ausdruck, das in einer Zeremonie öffentlich abgelegt und mit einem »Zufluchtsnamen« besiegelt wird:

- Ich nehme Zuflucht zum Buddha, dem Lehrer.
- Ich nehme Zuflucht zum Dharma, der Lehre.
- Ich nehme Zuflucht zum Sangha, der Gemeinschaft (derer, die den Dharma praktizieren).

Das Lebensrad

Ein wichtiges Symbol in der tibetischen sakralen Malerei ist das Lebensrad, eine bildhafte Zusammenfassung der Grundaussagen des Buddhismus. Früh lernen die Klosterkinder, die Symbole des Bildes zu deuten. In der Mitte des Rads wird die Nabe von drei symbolischen Tieren gebildet: Hahn (Begierde), Schlange (Aggression) und Schwein (Ignoranz). Sie symbolisieren die psychologischen Impulse, die unsere normale, Leiden erzeugende Art der Erfahrung bedingen: Habenwollen, Nichthabenwollen und Verharren in Unwissenheit.

Diese drei Impulse, so sagt die Lehre des Buddha, sind die Bausteine unserer alltäglichen Erfahrung und so entsteht auch unsere Meinung von einem Ich oder Selbst als Entität.

Das Lebensrad stellt in seinen Segmenten die hauptsächlichen emotionalen Zustände unseres alltäglichen Lebens dar, im Uhrzeigersinn von oben beginnend:

- den Himmelsbereich im obersten Segment, in dem die Götter ein Schlaraffenlandleben führen;
- den Bereich der Halbgötter, die schwer bewaffnet unter dem Götterhimmel stehen und machthungrig ihre Pfeile vergeblich hinaufschießen;
- den Bereich der Hungergeister, die als unersättliche Wesen mit dicken Bäuchen und nadeldünnen Hälsen, in denen sich jede Nahrung in Feuer verwandelt, dargestellt sind;
- den Bereich der Höllen ganz unten, in dem Höllenwesen fürchterliche Qualen durch Hitze, Feuer und Folter aller Art erleiden;
- den Tierbereich mit der Fixierung auf Fortpflanzung und Territorium;
- und schließlich den Menschenbereich mit seinen Freuden und Leiden, der als einziger die Möglichkeit bietet, den Kreislauf des Lebensrads zu verlassen.

Psychologisch betrachtet zeigen die drei unteren Bereiche jene Zustände, die man unbedingt vermeiden sollte: den Zustand der höllischen Aggression (gegen andere wie auch gegen sich selbst); den Zustand der Mangelmentalität und der nimmersatten Gier; und den tierischen Zustand des dumpfen Banns der Triebe, die Fixierung auf Besitz und Sex. Dies sind Zustände, in denen die natürliche Intelligenz geknebelt ist und der Zustand nicht reflektiert werden kann. Die Ursachen des Leidens werden nach außen projiziert und es besteht keine Möglichkeit, Leiden als ein Leiden an sich selbst zu erkennen. Die drei oberen Bereiche stellen wünschenswertere Zustände dar: den angenehmen Zustand himmlischer Ignoranz, der auf der Identifikation mit den eigenen schönen Vorstellungen beruht, wobei dank positiver Umstände alles Unerfreuliche ausgeklammert werden kann; den Zustand der Halbgötter, die eifrig und intelligent mit Machtstreben, Intrigen und Wettbewerb beschäftigt sind; und den menschlichen Zustand, den einzigen, in dem geistige Disziplin und Erkenntnis entwickelt werden können.

Die Bereiche des Lebensrads lassen sich mit Filmen vergleichen: Horrorfilme, Liebesfilme, Abenteuerfilme, Fantasyfilme, dramatische Filme, Actionfilme usw. Dabei sind wir Regisseur und Hauptdarsteller in einem und die »anderen« besetzen die Nebenrollen und dienen als Statisten. Das ist Samsara, das Ich-bezogene Spiel der Illusion, das wir unsere Realität nennen. Wie ein Hamster sein Rädchen halten wir emsig das Lebensrad in Gang, von einem Zustand zum nächsten. Was wir als »die Welt« erleben, die Welt der Ungleichheit zwischen Arm und Reich, die Welt der Kriege, der Unterdrückung, der Konkurrenzkämpfe, die Welt des immer begierig erstrebten und immer unbeständigen Glücks – das ist Samsara, bestimmt von Begierde, Aggression und Ignoranz. Die Bedingtheit dieser Art von Welt lässt sich offenbar nicht verändern. Doch jeder Einzelne hat die Möglichkeit, das Lebensrad zu verlassen und das »nicht bedingte Glück« zu erlangen, die Befreiung des Geistes. Ein buddhistisches Kloster soll die Voraussetzungen dafür bieten, dass viele Einzelne sich dieser inneren Entwicklung ungestört und unabgelenkt widmen können.

Tantrayana, der Weg der Energie

Der tibetische Buddhismus ist besonders ausdrücklich auf die Themen Tod und Wiedergeburt ausgerichtet; sie sind unverzichtbarer Inhalt aller tantrischen Lehren. Tantra bezeichnet im Buddhismus das Gesetz der Kontinuität, und Tantrayana kann auch als »Weg

Das Lebensra

der Energie« übersetzt werden. Vom Standpunkt des Tantrayana ist körperliche Existenz, einfach ausgedrückt, eine Situation, in der ein Wesen in sehr verdichteter Form in Erscheinung tritt. Im Tod trennt sich die subtile Energie von der Materie und nach einer Zeit im »Zwischenzustand« (Bardo) strebt das subtile Energiewesen wieder zur Verkörperlichung zurück. Was uns den Tod so sehr fürchten lässt, so besagen die Lehren, ist nur unser Unvermögen, uns einen Seinszustand in Energieform vorzustellen.

Die buddhistische Vorstellung von Wiedergeburt unterscheidet sich von hinduistischen und frühen abendländischen Vorstellungen dahingehend, dass man sie nicht mit Seelenwanderung gleichsetzen kann. Die Idee von einer Seele oder einem Selbst im Sinne eines absoluten, unveränderlichen, ewigen Kerns hat im Buddhismus keine Basis, da alles Seiende der Veränderung unterworfen ist. Das Prinzip, das von einem zum nächsten Leben geht, kann man sich am ehesten als einen Energiestrom vorstellen, der mit bestimmten Informationen geladen ist – mit individuellen Mustern des Denkens und Fühlens, die man während früherer Lebensspannen aufgebaut hat. Das, was diese Informationen speichert, ist subtile Energie, die unabhängig vom Körper existieren kann.

Nach dem kausalen Gesetz des Karmas entstehen alle Dinge und alle Situationen in Abhängigkeit von anderen Dingen und Situationen. Deshalb besteht in jedem Leben die Möglichkeit, die Richtung des »karmischen Flusses« zu ändern. Um es einfach darzustellen: In dem Maße, in dem man in diesem Leben sein Karma verbessert – durch alle Maßnahmen, mit denen Weisheit und Mitgefühl genährt werden –, wird dieses bessere Karma geeignete Bedingungen in einem neuen Leben schaffen, sodass man in dieser Richtung weiter gefördert wird. Wenn man hingegen sein Karma verschlechtert – durch ein Verhalten, das die Entwicklung von Weisheit und Mitgefühl verhindert –, sind die Voraussetzungen im nächsten Leben entsprechend weniger förderlich. Es ist hier nicht von Strafe oder Buße die Rede. Es geht um Kausalität und der zentrale Faktor ist die eigene Motivation, die entweder mit den Aspekten von Begierde, Aggression und Ignoranz (Ego) identifiziert ist oder sich von diesen löst.

Vom buddhistischen Standpunkt tragen wir die Summe aller vorhergehenden Leben in uns. Vom Begründer des tibetischen Buddhismus, Padmasambhava (oder Guru Rinpoche) ist der Spruch überliefert: »Wenn du wissen willst, wer du warst, dann schau, wer du bist. Wenn du wissen willst, wer du sein wirst, dann schau, was du tust.«

Tulku

Im Falle eines Tulkus, einer »hohen Wiedergeburt«, hat sich das Erleuchtungsprinzip (Bodhicitta) schon stark entwickelt, ist sozusagen das dominante Muster, sodass der Energiestrom, der von einem Leben zum nächsten fließt, hauptsächlich diese Information trägt. Es sind auch individuelle Informationen dabei, wie bestimmte Vorlieben, Eigenheiten, ein bestimmtes Temperament usw. Hin und wieder findet man bei einer neuen Inkarnation eine ähnliche Persönlichkeit wie bei der vorhergehenden Inkarnation oder sogar eine gewisse äußerliche Ähnlichkeit, aber das muss nicht sein. Das Wesentliche ist die Kontinuität der bis dahin freigesetzten Qualitäten der Weisheit und des Mitgefühls. Hat sich der Energiestrom vom Körper getrennt, begibt er sich ohne Zwang, allein nur aufgrund des dominanten Musters – des Drangs, anderen Wesen zu helfen – in eine neue körperliche Existenz. Manche hohen Meister sind sogar in der Lage, die Adresse ihrer zukünftigen Inkarnation in bildhafter Form vorauszusagen.

Die »Wiedergeburtslinien« im tibetischen Buddhismus regelten die spirituelle Nachfolge; so wurde die Gefahr politischer Einmischung, von Vetternwirtschaft usw. weitgehend umgangen, was vor allem bei den Oberhäuptern größerer Klöster wichtig war. Auf die Frage, ob es sich denn auch immer um die tatsächlichen Wiedergeburten handle, antwortete der Dalai Lama mit einem kleinen Schmunzeln: »Nun ja, bei fünfzig Prozent trifft es sicher zu.«

Ein kleiner anerkannter Tulku wurde im Allgemeinen schon im Alter von vier Jahren in sein »Heimatkloster« gebracht, oft in Begleitung seiner Mutter, die bis zum siebten Lebensjahr oder manchmal auch länger bei ihrem Kind bleiben durfte, wenn die Familienverhältnisse es erlaubten. Danach wurde die Erziehung in die Hände eines Betreuers und eines oder mehrerer Lehrer gelegt.

Die Erziehung eines Tulkus wird nach alter Tradition wie die Aufzucht einer außergewöhnlich kostbaren Pflanze betrachtet, für die man die bestmöglichen Wachstumsbedingungen schaffen muss, damit sie besonders gut gedeihen kann. Sie würde vielleicht auch am Straßenrand überleben können, doch das Risiko wäre sehr groß, dass sie sich nicht zu ihrer vollen Schönheit entfalten würde.

Das Spiel der Befreiung

Die Tibeter lieben ein Würfelspiel, das »Spiel der Befreiung« heißt und den vielstufigen Pfad (insgesamt 104 Stationen) hinauf zur vollkommenen Befreiung führt. Für die älteren Klosterkinder eine spielerische Möglichkeit, einen Überblick über den spirituellen Weg des tibetischen Buddhismus zu gewinnen.

Der ältere Bruder des 14. Dalai Lama, Thubten Jigne Norbu, beschreibt seine eigene Erinnerung an dieses Spiel, das Sakya Pandita, einer der größten Meister des tibetischen Buddhismus, ersonnen haben soll: »Der Gewinner wurde mit Süßigkeiten belohnt. Manchmal konnte ein solches Spiel Stunden dauern und gelegentlich ging es dabei auch ziemlich laut zu. Besonders günstige oder ungünstige Würfe wurden je nachdem mit einem Chor von Beglückwünschungen oder einem kollektiven Aufstöhnen begrüßt.«

Man beginnt auf der Ebene der menschlichen Wiedergeburt, und je nach Würfelzahl kommt man vorwärts oder fällt in niedrigere Bereiche. Je kleiner die gewürfelte Zahl, desto höher steigt man; mit einer Sechs ist man im Allgemeinen schlecht bedient. Höchst anschaulich werden in den zum Spiel gehörigen Texten z.B. die mannigfaltigen Höllen beschrieben. Da gibt es eine »kalte Hölle« und eine »heiße Hölle«, eine »zeitweilige Hölle«, eine »wiederbelebende Hölle« usw. So wird im Text über die »große Klagehölle« erklärt: »Die große Klagehölle entsteht aus Lügen und roher Rede, wenn eine gehässige Absicht damit verbunden ist: Meineid, Bestechung, Vertrauensbruch, Vorspiegelung falscher Tatsachen, käufliche Regierungsgewalt und Rechtsprechung. Jemandem, der gelogen hat, um einen Streitfall zu seinen Gunsten zu entscheiden, wächst hier eine sehr lange Zunge. Dämonen ziehen eine tiefe Furche in diese Zunge und füllen sie mit geschmolzenem Kupfer auf; schließlich wird sie von sich rasch vermehrenden Würmern aufgezehrt.«

Auch die Götterwelten sind vielzählig. Vom Standpunkt der theistischen Religionen wird es als sehr erstrebenswert dargestellt, in den oder die Himmel zu kommen. Doch im Buddhismus ist der Himmelsbereich ebenso wie der Höllenbereich ein Teil des Lebensrads, Samsara. Die Befreiung ist erst durch die Überwindung der Gegensätze, das endgültige Überschreiten dualistischer Anschauungen zu erreichen. Das wird durch folgende Beschreibung einer Götterwelt zum Ausdruck gebracht: »Obwohl diese Devas (Götter) Zuflucht zum Buddha nehmen, lassen ihre intensiven Freuden keine spirituelle

Übung zu. Deswegen können sie sich auch nicht der Wiedergeburt in niederen Zuständen entziehen, wenn sich ihr gutes Karma erschöpft hat. Man sagt, es gäbe kein größeres Elend als das eines sterbenden Gottes oder einer sterbenden Göttin. Das nahende Ende eines göttlichen Schicksals kündigt sich durch fünf Vorzeichen an: Das Gewand wird schmutzig, die Blumengebinde verwelken, Schweiß zeigt sich in den Achselhöhlen, es verbreitet sich ein unangenehmer Geruch um den Körper und der Sitz wird unbehaglich. Bei Erscheinen dieser Zeichen verlassen Gefährten und Liebespartner angewidert den davon Befallenen.« Und es heißt, dass ein Deva, der seine Verdienste abgelebt hat, schnurstracks in die Hölle fallen kann, falls die Ausklammerung alles Negativen allzu nahtlos war. Nach buddhistischer Anschauung ist ein eifriger Positivismus überaus ungesund.

Man würfelt sich durch viele Stufen, die anschaulich das Lehrgebäude des tibetischen Buddhismus vermitteln. Dieser Stufenweg hat auch Sackgassen, wie z.B. Nirodha, das »Aufhören«. Die Beschreibung dazu lautet: »Es wird Nirvana des Stillstands genannt, im Gegensatz zum Nirvana der Bewegung des Bodhisattva. Im Fall des Bodhisattva sind Samsara und Nirvana nicht voneinander verschieden. Dort erlebst du das Große Erwachen und bleibst in der Spelunke, bis alle anderen auch Nirvana erlangt haben.«

Dann gibt es auch Abzweigungen, die nicht gerade in Sackgassen, aber doch auf Umwege führen; etwa, wenn man beharrlich auf dem »Weg der Selbstbefreiung« bleibt (Arhat), der im Spiel in die höheren Götterwelten führt, die »Reinen Wohnstätten«, von denen man aber dann doch noch auf den Pfad des Bodhisattva kommt.

Wer jedoch Pech hat, würfelt sich ins »Barbarentum«: »Du wirst als Mensch wiedergeboren, lebst aber in einer unzivilisierten, materialistischen Gesellschaft, in der kriegerische Ausschreitungen als legitimes

Die Klosterkinder spielen das Karma-Spiel

Mittel im zwischenmenschlichen Umgang angesehen werden ... Allgemein ist unter diesem Zustand jede Art von Barbarei zu verstehen, jede Philosophie, die sich dazu hergibt, Intoleranz und Gewalt mit rationalen Gründen zu belegen.«

Von diesem Platz führen wiederum fünf Wege in niedrigere Bereiche; nur eine einzige Möglichkeit der Weiterentwicklung tut sich auf. Hat man schließlich die Buddhaschaft erreicht, sitzt man dort fest, bis man eine Eins oder Zwei gewürfelt hat; dann kann man »das Rad der Lehre drehen«, d.h. Lehren zum Wohl aller Wesen, wie der Buddha es tat.

Glossar

Amchi – tibetischer Arzt

Amitabha – Meditations-Buddha, empfängt dem Mythos nach den Verstorbenen im »Reinen Land«

Ani – Nonne (wörtlich: Schwester)

Arhat – Ziel des spirituellen Weges im Theravada ist Selbstbefreiung, im Unterschied zum Bodhisattva im Mahayana

Arya Tara – Tara, die Personifikation des vollkommenen Mitgefühls in weiblicher Form

Bardo – Zwischenzustand zwischen Tod und Wiedergeburt, in dem der »Bewusstseinsstrom« einen Energiekörper annimmt, der aus karmischen Neigungen entsteht

Bardo Thödol – »Befreiung durch Hören im Zwischenzustand«, Titel des tibetischen Totenbuchs

Bodhisattva – ein Wesen, das gelobt hat, sein Leben in den Dienst der Befreiung aller Wesen zu stellen und erst, wenn alle befreit sind, die Früchte der Befreiung zu ernten

Buddha – »der Erwachte«; der Buddha unseres Zeitalters ist Siddharta aus dem Klan der Shakya

Chöd – Praxis des Durchschneidens der Verhaftung an Körper und Ego

Chögyur Lingpa – (1829–1870) Tulku Urgyen Rinpoches Urgroßvater

Chöying Dölma – Nonne, Sängerin, Autorin des Buchs »Ich singe für die Freiheit«

Dakini – dynamisches weibliches Weisheitsprinzip, verkörpert in Wesen, die in erleuchteter Weise handeln; weibliche tantrische Gottheiten, Beschützerinnen der buddhistischen Lehre und derer, die sie praktizieren

Dharma – die buddhistischen Lehren und Meditationsmethoden

Dur – Bestattungsritual, Erklärung zitiert aus »Blazing Splendor – The Memoirs of Tulku Urgyen Rinpoche«, S. 245–246

Gelong – voll ordinierter Mönch

Getsul – Novize

Gompa – Ort des Rückzugs; Kloster

Kagyü-Nyingma – eine doppelte Traditionslinie, in der die beiden »alten Linien« Kagyü und Nyingma zusammenfließen

Karma – »selbst geschaffenes Schicksal«, beruhend auf Ursache und Wirkung

Khata – Glücksschal aus dünnem Seidengewebe

Kora – rituelles Umschreiten eines Heiligtums im Uhrzeigersinn

Kudung – Leichnam eines spirituellen Meisters

Lama – spiritueller Lehrer

Lhakang – tibetischer Tempel

Machig Lapdrön – (11. Jh.) Begründerin der Chöd-Praxis
Mahayana – »Das zweite Drehen des Rades«, Lehren des geistigen Buddha und Kommentare; 2. Entfaltungsebene des Buddhismus
Mala – Mantra-Kette (oder Gebetskette) mit 108 Perlen
Mandala – heiliger Kreis, Diagramm kosmischer Ordnung
Mantra – symbolische Formel, mit der erleuchtete Energien aufgerufen werden
Mudra – symbolische Geste
Naga – Naturgeist, ikonografisch mit einem Fischunterleib dargestellt
Nirvana – Zustand der Freiheit von dualistischer Fixierung
Padmasambhava – Begründer des tibetischen Buddhismus, 8. Jh.; auch Guru Rinpoche genannt
Paramitas – die »überschreitenden Fähigkeiten« eines Bodhisattvas: Großzügigkeit, Geduld, Disziplin, freudige Anstrengung, meditative Geisteshaltung und Weisheit
Phurba – Ritualgegenstand in Form eines dreischneidigen Messers, symbolisiert die Kraft der Zerstörung aller Aggression
Puja – »Opferhandlung«, zentrales religiöses Ritual im tibetischen Buddhismus
Rime – Bewegung innerhalb des tibetischen Buddhismus zur Überwindung der Abgrenzung zwischen den spirituellen Traditionslinien; im 19. Jh. propagiert von großen Meistern wie Jamgon Kongtrul Lodrö Thaye und Chögyur Lingpa, im 20. Jh. fortgeführt durch Dilgo Khyentse und andere
Rinpoche – »kostbares Juwel«, Titel hoher Wiedergeburten
Samsara – Zustand der Gebundenheit an dualistische Fixierungen, der normale menschliche Geisteszustand
Stupa – sakrales Bauwerk
Sutra – Lehrrede des Buddha
Tantra – »Es gibt im Buddhismus zwei Ebenen, um das Ziel, die Befreiung unserer ursprünglichen Natur aus der Gebundenheit in dualistische Fixierungen, zu erreichen: Den Sutra-Weg des Hinayana und Mahayana und den Tantra-Weg des Vajrayana. Der Sutra-Weg ist eine eher psychologische Vorgehensweise; es ist der Weg der Gegenmittel gegen die Verdunkelungen des Geistes durch die Impulse von Begierde, Aggression und Ignoranz. Auf dem Tantra-Weg hingegen arbeitet man auf der Energie-Ebene.« Tarab Tulku
Thangka – tibetisches Rollbild
Tulku – anerkannte Wiedergeburt eines hohen Meisters
Yogi – nichtklösterlicher Praktizierender der tantrischen Meditationen
Yogini – weibliche Praktizierende

Dank

Dieses Buch hätte nicht entstehen können ohne die Inspiration, die ich meinem verstorbenen Meister Tulku Urgyen Rinpoche und seinem Sohn Chökyi Nyima Rinpoche verdanke, und den Beistand, den sie mir in allen Stadien der Entstehung des Buchs großzügig gewährten.

Für ihre freundliche Unterstützung danken möchte ich auch Kathleen Morris, Chökyi Nyima Rinpoches Sekretärin und Mitarbeiterin im Tashi Delek e.V.

Der gemeinnützige Verein Tashi Delek e.V., Gesellschaft zur Förderung der tibetischen Kultur im Exil, gegründet und geleitet von Ulli Olvedi, unterstützt seit 1990 die Mönche und Nonnen der in diesem Buch genannten Klöster mit Patenschaften und Einzelspenden.
www.tashidelek.de, www.tashi-delek.de